아버지의 특별한 딸

역사에서 걸어 나온 사람들 3

아버지의 특별한 딸

『한중록』으로 본 혜경궁 홍씨

❖ 박정애 지음 ❖

메멘토

일러두기

1. 『한중록』과 『조선왕조실록』을 인용할 때, 독자의 이해를 돕고자 필자가 임의로 생략하거나 덧붙인 부분이 있다. 그리고 고어, 궁중 용어, 지나치게 어려운 낱말 등은 문맥을 훼손하지 않는 범위에서 현재 널리 쓰이는 말로 고쳤다.

2. 제시된 날짜는 모두 음력이며, 한 달 정도를 더하면 양력의 계절감과 일치한다.

3. 『 』는 책과 정기간행물에, 「 」는 편명에 사용하였다. 〔 〕는 한자어의 뜻풀이와 한자가 함께 쓰인 경우에 사용하였다.

4. 풀이가 필요한 단어는 해당 단어 위에 ●로 표시하고, 설명은 각주로 달았다.

혜경궁 덕분에

전파 매체라고는 걸핏하면 지지직거리는 라디오 한 대밖에 없는 시골집에서 열 살 때까지 살았습니다. 텔레비전은 눈치코치 보아 가며 남의 집에서 얻어 봐야 했지요. 그런데 대도시로 이사를 가니 단칸방이나마 방 한쪽 벽면에 떡하니 십사 인치 텔레비전이 버티고 있지 않겠습니까? 얼마나 좋던지 동생과 얼싸안고 춤을 추고 재주를 넘었습니다. 그 흑백텔레비전을 통해 흠뻑 빠져든 드라마가 〈안국동 아씨〉라는 사극이었지요. 온 가족이 하루도 안 놓치고 시청할 정도로 재미있었답니다. 우리 집만 그랬던 게 아니라 전국의 수많은 시청자가 그랬다고 해요.

그 '안국동 아씨'가 누군가 하면, 바로 『한중록(閑中錄)』을 지은 혜경궁 홍씨입니다.

중고생 때는 입시용 요약본만 읽다가 대학생이 되고서야 『한중록』을 완역본으로 만났습니다. 인물이 펄떡펄떡 살아 움직이고 이야기의 흡인력이 대단한 글이었지요. 책장 갈피갈피마다 혜경궁의 숨결이 느껴지더군요. 때로는 제게도 혜경궁의 분노와 슬픔과 회한이 고스란히 전해져 눈을 감고 한참 동안 심호흡을 해야 했습니다.

저야 당연히 국문본을 읽었는데, 알고 보니 필사본 열네 종 가운데에는 한문본도 있고 국한문 혼용본도 있었습니다. 제목도 『한중록(恨中錄)』, 『한중만록(閑中漫錄)』 혹은 『읍혈록(泣血錄)』 등으로 달랐고요. 혜경궁 자신이 이렇게 썼다 저렇게 썼다 한 건 아니고, 혜경궁의 원본을 여러 사람이 베껴 쓰면서 각기 나름으로 수정한 것이지요.

또 제 1편과 나머지 2, 3, 4편의 성격도 꽤 차이가 나는데요. 제 1편은 회갑을 맞아 지난 세월을 돌아보는 회고록으로, 열 살에 입궐하여 오십여 년 겪어 낸 궁중 생활의 희로애락을 사뭇 절제된 언어로 담아낸 산문입니다. 친정 맏조카 홍수영이 써 달라고 부탁해서 쓴 글이라고 하지요. 태산처럼 믿었던 아들 정조가 죽고 친정이 풍비박산의 위기에 처했을 때 쓴 제 2,

3편은 손자인 순조에게 읽힐 목적으로 임오화변이라는 전무후무한 궁중 비극이 벌어진 전후의 맥락과 진상을 최대한 소상히, 최대한 친정에 유리한 쪽으로 기술한 글입니다. 제 1편에서 보이던 여유와 절제보다는 뼈에 사무치는 통한의 정서가 주를 이룹니다. 이 두 편은 순조의 생모 가순궁 박씨가 후손들도 조상의 일을 바로 알아야 한다며 써 달라고 청해서 썼다고 합니다. 제 4편은 정적이던 정순왕후가 죽은 후, 정순왕후 집권기에는 차마 하지 못한 이야기를 하려고 쓴, 보충 성격의 글입니다.

대학원도 졸업하고 사회인이 된 삼십 대에, 현대의 브론테라 불리는 영국 작가 마거릿 드래블이 쓴 소설, 『붉은 왕세자빈: 영혼의 '한중록'』(원제: *The Red Queen*)을 읽었습니다. 드래블은 영어로 번역된 『한중록』을 읽고 영혼이 사로잡히는 듯한 전율과 감동을 맛보았다지요. 그녀는 우리나라를 찾아와 『한중록』에 나오는 장소를 모두 답사하고 관련 자료를 찾아 열심히 공부한 다음, 마침내 장편 소설 『붉은 왕세자빈』을 세상에 내놓았습니다. 이 책의 1부는 혜경궁 홍씨의 유령이 자기 삶에 대해 이야기하는 독백 형식이고, 2부와 3부는 이 유령의 눈에 비친 21세기 현대 영국 여성의 행로입니다. 이러한 서술 전략을 통해 18세기 조선 왕실의 한 여성이 겪었던 문제는 21세기에도 유효

한 보편성을 갖춘 인류의 문제로 자리바꿈합니다. 드래블은 책에 딸려 있는 인터뷰에서 말합니다. "18세기에 벌써 이렇게 지적이고 수준 높은 여성의 회고록이 한국에서 나왔다는 사실은 매우 고무적입니다. 제가 아는 그 어느 나라에서도 그렇게 이른 시기에 그렇게 높은 수준의 여성 회고록이 나온 바 없습니다." "저는 혜경궁 홍씨의 특별한 경험과 자신의 비극적 삶을 회고하는 그녀의 내러티브에 매료되었습니다. 『한중록』을 읽으면서 혜경궁 홍씨의 기구한 인생이 바로 작가로서 제가 쓰고 싶어 했던 현대인의 삶과 긴밀히 연관된다는 점을 깨닫게 되었습니다." "『한중록』에 등장하는 여러 인물에 대한 탁월한 심리 묘사와 관련, 혜경궁 홍씨의 심리 분석적 기록이 프로이트나 융보다 앞선 것으로 느껴진다고 런던에서 만난 황석영 작가에게 말했습니다." "『한중록』은 사람의 심금을 울리는 독특한 매력의 내러티브로 되어 있습니다."

일기는 나날의 삶에서 선택된 기억이고, 역사는 집단의 삶에서 선택된 기억입니다. 기억이 고정된 실체가 아니듯 역사도 고정된 실체가 아닙니다. 오늘도 역사의 장에서는 내 기억이 옳은가 네 기억이 옳은가, 우리 민족의 기억이 옳은가 너희 민족의 기억이 옳은가, 끝없는 투쟁이 벌어지고 있습니다. 고정된 실체는 다만 '기록', 그것뿐입니다. 시간은 모든 것을 마모시키지만 기록된 기억은 이러한 시간의 위력에 당당히 맞설 수 있습니다.

문학적으로도 역사적으로도 빼어난 가치가 있는 『한중록』을 후손에게 남김으로써 혜경궁 홍씨는 역사라는 기억 싸움의 전쟁터에서 최후의 승자가 될 수 있었습니다. 오늘을 살아가는 우리는 『한중록』을 통해 혜경궁의 목소리를 듣습니다. 사도세자나 화완옹주나 정순왕후의 목소리는 혜경궁이라는 중개인의 입을 통해 간접적으로 들을 수 있을 뿐입니다. 기록이 혜경궁의 기억을, 한 시대를 대표하는 기억으로 바꾸어 놓았습니다. 『한중록』 덕분에 혜경궁은 오늘날까지 살아남았고 앞으로도 오래도록 살아남을 것입니다.

십수 년 전, 저는 조선 세자빈을 주인공으로 한 역사 소설을 쓰기로 마음먹었습니다. 역사 소설 쓰기는 난생처음이었던지라 공부를 굉장히 많이 해야 했지요. 유네스코 세계기록유산인 『조선왕조실록』을 제일 열심히 읽었고 『심양장계』, 『심양일기』, 『조선왕실의궤』 등을 탐독했는데요, 문제는 아무리 공부해도 살아 있는 세자빈의 모습을 그려 낼 수가 없다는 거였습니다. 도대체 조선의 세자빈은 어떻게 말하고 생각하고 행동했을까. 그런 제 고민을 해결해 준 보물단지가 바로 『한중록』이었답니다. 『한중록』을 읽고 베껴 쓰면서 살아 움직이는 세자빈

캐릭터를 만난 덕에 겨우겨우 역사 소설 『강빈』을 탈고할 수 있었습니다.

『한중록』은 저처럼 소설을 쓰는 사람뿐만 아니라 역사 드라마나 영화를 만드는 사람에게도 매우 귀한 자료입니다. 왕실 내부자의 내밀하고도 구체적인 시선과 속내가 드러난, 거의 유일한 기록물이니까요.

저는 등단 이후 줄곧 어머니-딸의 관계와 역사에 관심이 있었습니다. 아버지-아들로 이어지는 가부장제 서사야 굳이 제가 쓰지 않아도 넘쳐나니까요. 어찌 보면 『조선왕조실록』도 그 자체로 아버지와 아들의 역사라 할 수 있지요. 아버지와 아들은 권력을 두고 서로를 필요로 하거나 피 튀기는 싸움을 벌입니다. 아버지-아들 이야기가 긴장과 대립의 서사인 데 비해 어머니-아들의 그것은 눈물겨운 훈육과 애틋한 효성 이야기가 많습니다. 혜경궁도 정조와의 관계만 놓고 보면 바로 그런 어머니-아들 서사의 전형적인 사례입니다.

그런데 『한중록』을 통해 저에게 다가온 혜경궁은 '아들의 어머니'라기보다 '아버지의 딸'이었습니다. '아버지의 딸(father's daughter)'은 카를 융(Carl Jung)이 창안한 분석 심리학에서 아버지에게서 근원적으로 영향을 받은 딸을 일컫는 용어입니다. 혜경궁 홍씨의 아버지 홍봉한은, 영조보다는 덜했지만, 아들에겐

엄격하고 딸에게는 자애로운 아버지였습니다. 아버지 영조의 눈먼 사랑을 받고 자란 화완옹주가 시샘 많고 교만한 이기주의자라면, 혜경궁은 행여나 아버지의 기대에 부응하지 못할까 전전긍긍하는 완벽주의자였습니다. 언제나 아버지를 닮으려 애썼고, 아버지에게 더 잘하지 못해 안달했고, 아버지가 불행을 겪을 때는 그것이 모두 제 탓인 양 괴로워했고, 아버지 사후에는 절절한 감사와 과도한 죄책감으로 아버지를 그리워했습니다. 어린 시절부터 늙어 죽을 때까지 아버지의 딸, 홍씨 집안의 '대표 선수'라는 무거운 짐을 스스로 제 머리 위에 올려 두고는 그 무게에 짓눌려 살았다고 볼 수 있습니다.

아버지의 딸은 아버지를 기준으로 남편을 바라봅니다. 아버지의 법을 깍듯이 내면화한 혜경궁으로서는, 부모에게 순종하지 않고 문안조차 게을리 하는 동갑내기 남편을 진심으로 사랑하고 존경할 수는 없었을 겁니다. 요즘 말로 '마마보이', 즉 '어머니의 아들(mother's son)'은 어머니의 정서적 배우자 노릇을 겸하느라 진짜 배우자인 아내를 외롭게 한다지요. 조선 시대에 남편과 아내의 지위는 서로 많이 달랐기에 똑같이 견줄 수는 없겠지만, 영락없는 '파파걸' 혜경궁도 어떤 면에서는 사도세자를 외롭게 했을 성싶습니다.

아버지의 딸 혜경궁을 오래 만나면서, 저 또한 아버지 생각을 궁굴리고 또 궁굴렸습니다.

제 아버지는 게으르고 무책임하고 불운한 알코올 의존증 환자였습니다. 달리 말하면 생활에 얽매이지 않는 자유로운 영혼이었죠. 이십오 년 전 아버지 장례 모시며 눈물 한 방울도 흘리지 않아 친척에게 흉을 잡힐 정도로 저는 아버지를 싫어했습니다. 반면에 놀라운 생활력으로 가족을 부양한 어머니는 노쇠하신 지금도 제 정신적 지주이시고요.

그런데 드래블의 말처럼 심금을 울리는 혜경궁의 내러티브에 빠져들다 보니, 제 마음속 거문고 줄이 둥당둥당 울리면서 제가 외면해 온 진실의 얼굴이 뺨 한쪽을 살그미 드러내더군요. 저 또한 혜경궁과는 다른 의미에서 아버지의 딸이라는 사실…… 제 자그마한 문재와 예술적 감성은 다분히 아버지 내림이고요. 천성이 게으른데도 일상을 성실히 꾸리려 노력하고 중독적 기질이 다분한데도 깊은 공포심으로 절제하는 제 모습은 아버지가 당신 삶으로 보여 준 반면교사 덕분인 거죠.

올 추석에는 아버지 산소에, 밥보다 좋아하시던 막걸리 한 병, 부어 드려야겠습니다.

이 책 1부에서는 『한중록』을 기본으로 하고 다른 사료들을 참조하여 혜경궁 홍씨의 일생담(一生譚)을 이야기했습니다. 2부에선 1부의 스토리텔링에 담지 못한 정치적 맥락을 몇 가지 쟁점으로 나누어 톺아보았습니다.

아무쪼록 독자 여러분께서 한잔 술에 취하듯 이 이야기에 취하실 수 있다면, 저는 정말로 행복하겠습니다.

2020년 봄, 쉰 개의 나이테를 두르고서야

내면의 아버지와 화해한 딸,

박정애

차례

2부 기록하는 사람이 이긴다

1부

아버지의 특별한 딸,
혜경궁 홍씨

'안국동 아씨'에서 '빈궁마마'로

작은 어른 같았던 어린 시절

때는 영조 11년(1735) 6월.

스물세 살 청년 홍봉한(洪鳳漢)은 거평동(현재 충정로 1가) 처 갓집 사랑채에서 아내의 해산을 기다리고 있었다.

'어젯밤, 빛나는 흑룡이 아내의 방 천장에 서리서리 똬리를 틀고 있던 꿈이 필시 태몽이려니……'

슬하에 이미 아들 하나, 딸 하나가 있었지만, 홍봉한은 가문을 빛낼 특별한 아들이 태어나리라 기대했다.

그때 안채로 통하는 쪽문이 열리더니 인기척이 났다. 홍봉한

은 미닫이문을 벌컥 열어젖히고픈 조바심을 누르고 헛기침만
두어 번 했다. 안국동 본가에서 데리고 온 하인이 문밖에서 아
뢰었다.

"나리, 방금 아씨께서 따님을 순산하셨다 하옵니다."

"순산했다니 다행이다. 아씨께 노고를 치하한다고 전하여
라."

말은 그렇게 하면서도 홍봉한은 실망한 기색을 감추지 못했
다.

'거참, 엉터리 태몽일세그려. 흑룡 꿈만 꾸지 않았어도 괜한
기대를 하지 않았을 텐데. 딸아이야 아무리 재주가 뛰어나다
한들 학문을 하리, 벼슬을 하리.'

홍봉한은 축 처진 어깨를 하고 안국동으로 가서 차녀 출생
소식을 고했다.

홍봉한의 아버지 홍현보는 그 소식에 속이 상했다기보다 맏
아들의 기죽은 모습을 보기가 더 안쓰러웠다. 야망이 큰 데 비
해 출셋길이 쉬 열리지 않는 아들을 위로하고자, 그는 몸소 거
평동 사돈집에 가서 갓 태어난 손녀를 보고 왔다.

"그 아이 이목구비가 범상치 않더라. 비록 여자아이지만 정
성을 다해 잘 길러라."

홍현보는 삼칠일이 지나고 본가로 온 손녀를 무릎에서 내려

놓지 않고 귀여워하였다.

홍봉한도 섭섭한 마음을 금세 잊었다. 장차 집안의 대를 이을 아들은 엄격히 가르쳤지만, 출가외인이 될 딸은 손안에 든 구슬처럼 보배로이 여겼다. 큰딸이 죽고 작은딸만 남은 뒤로는 딸 사랑이 두 배로 각별해졌다.

아이는 아이답게 어리광을 부리거나 생떼를 쓰는 법이 없었다. 행동거지가 영특하고 조숙하기 이를 데 없었다. 한번은 동갑내기 친척 여자아이가 고운 다홍 깨끼 치마를 입은 모습을 물끄러미 바라보고 섰기에 어머니가 다가와 아이 머리를 쓰다듬으며 물었다.

"아가, 너도 저런 옷을 입고 싶으냐?"

아이는 넉넉지 않은 집안 형편을 생각하여 담담히 대답했다.

"있으면 입겠지만, 새로 장만해서 입고 싶지는 않습니다."

홍현보는 그런 아이를 두고 예언하듯 말했다.

"이 아이가 몸은 작아도 생각은 어른과 다름없으니 일찍 혼인할 것이다."

내가 여자여서 그렇기는 하거니와 아버지께서 유난히 사랑하셨기에 나는 잠시라도 부모 곁을 떠나는 것을 늘 어렵게 여기고 앞을 떠나지 아니하였다. 철들면서부터는 부모의 사랑을 잘

받들어 크고 작은 일에 걱정시키는 일이 적은지라 부모께서 더욱 넘치게 사랑하셨다.

세자빈으로 간택되다

영조 19년(1743) 3월, 서른한 살의 홍봉한은 다시 한 번 과거 시험에 도전했다. 이미 성균관 유생 대표로 임금의 눈도장을 받아 놓았기에 당사자는 물론이고 온 집안에서 반드시 급제하리라 기대했으나, 결과는 낙방이었다. 목을 빼고 기쁜 소식을 기다리던 아이는 소리 없는 울음을 오래 울었다.

그해 가을, 홍봉한은 과거를 거치지 않고 능참봉* 자리를 얻었다. 실속 없이 고생스럽기만 한 종구품 미관말직*이었으나, 부인 이씨는 남편이 첫 녹봉으로 받아온 곡식과 포를 한참이나 어루만지며 감격스러워했다.

"우리 집안에서 아버님 돌아가신 후로 처음 받는 관록*입니다. 이 귀한 것을, 제가 어찌 감히 사사로이 쓸 수 있겠습니까?

- 능참봉(陵參奉): 임금이나 왕후의 무덤을 관리하는 관리.
- 미관말직(微官末職): 지위가 아주 낮은 벼슬.
- 관록(官祿): 관원에게 주던 봉급.

일가친척에게 골고루 나눠 주어야겠습니다."

바로 그해, 아홉 살 세자의 배필을 찾기 위하여 처녀의 혼인을 금지하는 금혼령이 반포되었다. 연령대가 세자와 비슷한 딸을 가진 양반집에서는 딸의 생년월일을 적은 단자(單子)를 나라에 제출해야 했다.

홍봉한은 서둘러 안채에 들렀다. 마침 안채에 있던 딸아이가 얌전히 인사하고 물러났다. 홍봉한의 시선이 막 돋아나는 꽃망울 같은 아이의 뒤태를 좇았다.

"무슨 일이기에 이리 급히 오셨습니까?"

이씨가 의아한 얼굴로 물었다.

"우리 집안은 대대로 나라의 녹을 받았고 저 아이는 정명공주* 할머님의 혈손이오. 어찌 감히 임금을 속이겠소? 부인, 저아이 간택 준비에 일절 차질이 없도록 하시오."

"저는 썩 내키지 않습니다만……. 왕가의 사돈이 됐다가 폭삭 망한 집안이 좀 많습니까."

이씨의 염려에도 일리가 있었다. 태종, 세종, 단종, 성종, 선조, 광해군, 소현세자, 숙종의 처가가 깡그리 망하거나 엄청난 수난을 겪었으니 말이다. 사정이 그러하니 딸을 숨기고 단자를

●　　　정명공주(貞明公主): 조선 왕 선조와 인목왕후 사이에 난 딸.

내지 않는 양반집도 많았다.

홍봉한의 생각은 달랐다. 왕가의 사돈 된 탓에 망한 집도 적지 않지만, 그 덕에 일약 명문가로 발돋움한 집안도 많지 않은가.

'지금 임금에게는 지나치게 강성해진 노론 세력을 견제해 줄 외척이 필요해. 가문은 좋으나 한미한 선비, 노론은 노론이되 집권 노론과는 조금 거리가 있는 신진, 집권 노론에 맞서 임금 편을 들어 줄 배짱과 실력이 있는 새 얼굴. 어느 모로 봐도 내가 적임자야. 게다가 저토록 단아하고 똑똑한 딸까지 있으니, 그야말로 하늘이 내린 기회가 아닌가!'

"왕자가 여럿일 때나 그런 분란이 생기지, 세자는 주상의 유일한 아들이오. 이미 성수° 쉰을 넘긴 주상입니다. 무슨 수로 아들을 또 보겠소? 세자가 장차 왕위에 오르는 건 기정사실입니다. 걱정 마시구려."

"아들을 더 볼 수도 있지요. 어찌 못 본다고 단정하십니까? 세자가 중전 소생도 아니고……. 지존의 총애는 본디 변덕스럽고 궁중엔 꽃다운 여인들이 널렸습니다."

이씨가 깊은 한숨을 토해 냈다.

• 성수(聖壽): 왕의 나이.

홍봉한은 궁여지책으로 딸아이가 태어나기 전날 꾸었던 태몽을 들추어냈다.

"그러지 말고 부인, 우리 딸아이 태몽을 생각해 보시오. 흑룡 꿈을 꾸고 계집아이가 나다니, 그때는 영판 어긋났다고 생각했는데 이제 와 돌이켜 보니 어진 국모가 될뿐더러 성군을 낳을 꿈이 아니겠소?"

뜻밖에도 이씨는 태몽 얘기에 솔깃해했다.

"그렇게까지 말씀하시니 따르기야 하겠습니다마는…… 예복은 어찌 마련하고 가마는 무슨 돈으로 빌릴지……."

홍봉한이 안방 벽장으로 눈길을 돌렸다. 그곳 시렁에 큰딸을 위해 마련한 혼숫감이 있었다. 어려서 죽은 큰딸은 가슴에 묻었다. 이씨는 차마 입에 올리진 못해도 남편의 뜻을 짐작했다. 그 혼숫감을 헐어 예복을 만들고 빚을 얻어 가마를 빌렸다.

홍봉한의 예상은 적중했다. 딸아이는 초간택에서 일등에 올랐다. 연이은 재간택에서도 결과는 마찬가지였다.

궁중에 들어가니 궐내에서는 이미 결정하신 것처럼 내가 임시로 머무는 곳을 가까이에 두시고 대접하는 도리가 다른 이들과 달라 더욱 놀라웠다. 어전에 올라가서도 다른 처녀들과 달리 발 안쪽으로 나를 부르시더니 임금께서 어루만져 사랑하시며 "내 아름다운 며느리를 얻었도다" 하시고, "네 조부를 생각하노라" 하시고, "일전에 네 아비를 보고 내 인재 하나를 얻었노라 기뻐하였더니, 네가 바로 그의 딸이구나" 하셨다. 정성왕후*와 선희궁*께서도 기뻐하셨고, 여러 옹주네들도 내 손을 잡으며 귀히 대하였다.

또한 나를 즉시 내보내지 않고 경춘전에 머물게 하더니 선희궁께서 점심상을 보내시고 내인이 곁마기*를 벗겨 옷 치수를 재려 하거늘, 내가 놀라 벗지 않았다. 내인이 달래어 옷을 벗겨 치수를 재니 내 눈시울이 저절로 뜨거워졌지만, 궁인이 볼 때는 차마 울지 못하고 가마에 들어가서 울었다. 낯선 하인들이 가마를 멨고 길에는 허리에 검은 띠를 맨 글월비자*가 서 있으니 놀랍기 이를 데 없었다.

더 놀라운 일은 집에 돌아왔을 때 일어났다. 하인들이 가마를 사랑채 문 안으로 들이자, 홍봉한이 도포까지 갖춰 입고 손수 가마 주렴을 들추고는 매우 조심스러운 몸짓으로 아이를 안

- 정성왕후(貞聖王后): 영조의 비.
- 선희궁(宣禧宮): 사도세자의 생모 영빈 이씨가 죽은 뒤 사당으로 쓰이던 집의 당호. 『한중록』에서 영빈 이씨를 가리키는 말로 쓰임.
- 곁마기: 여자가 예복으로 입던 저고리.
- 글월비자: 편지를 전달하는 여종.

아 내렸다.

"어서 오십시오. 많이 피곤하시지요?"

아버지 홍봉한은 아이에게 그렇듯 깍듯하게 존댓말을 썼다. 홍봉한뿐만 아니라 온 집안의 어른들이 갑자기 존대를 하며 아이를 떠받들었다.

그다음 날부터 일가친척이 찾아오고 소식 끊겼던 하인들 중에서도 돌아오는 이가 늘었다. 대궐에서 온 상궁, 나인 들이 옷 치수를 재어 가서는 화려한 비단옷을 여러 벌 만들어 왔다. 친척이 하도 많이 찾아와서 먼 친척은 밖에서 대접하여 돌려보내고 특정한 촌수 이하로만 만나야 했다. 한 번도 본 적 없는 어떤 증조할아버지뻘 어른은 자기 이름을 거듭 말하며 입궁한 뒤에 기억해 달라고 부탁했다. 종가, 외가를 두루 다니며 작별 인사를 나눌 때, 전에는 업고 안으며 친하게 놀던 사촌들이 멀리 떨어져 앉아 아이를 감히 똑바로 보지 못하고 공경하는 태도를 보였다.

조숙하고 똑똑했다고는 하나 그래도 아홉 살……. 아이는 어리둥절하고 낯설었다. 못되게 굴던 사촌들이 고개를 조아릴 때는 조금 좋기도 하다가 머리 허연 어른들이 존댓말을 바치며 굽실거리면 민망한 마음에 눈물이 났다. 아이는, 권력이 어떤 것이고 세자빈이 어떤 자리인지 어렴풋이 감을 잡을 수 있었다.

간택의 마지막 절차는 삼간택. 삼간택이 끝나면 아이는 집으로 돌아오지 못하고 별궁으로 거처를 옮긴 후, 가례˙를 준비해야 했다. 드디어 삼간택 전날 밤, 다시 못 볼 안국동 집을 구석구석 살펴본 아이는 눈물이 나서 잠을 못 잤다.

아이가 별궁에서 오십여 일을 지내는 동안 홍봉한은 영조가 보낸 『소학』과 『훈서』˙를 날마다 아이에게 가르친 것은 물론이요, 앉고 서고 눕는 일상의 모든 행동거지부터 시어른과 남편을 섬기는 마음가짐까지 일일이 경계하고 타일렀다.

"삼전˙을 지극히 공경하여 섬기고 효성에 힘쓰소서. 세자 저하를 반드시 옳은 일로 돕고 말씀을 조심하시어 집안과 나라의 복을 닦으소서."

"명심하겠습니다, 아버님."

어머니 이씨 또한 딸 곁에 붙어 있다시피 하며 갖은 수발을 들고 교훈을 일러 주었다. 마음으로야 딸과 함께 잠도 자고 싶었으나, 보모 최 상궁이 성격이 엄하여 일절 봐주지 않았다.

"나라 법이 그렇지 아니하오이다."

별궁에서도 이러한데 궁중에서는 어떠하랴. 아이는 나라 법

• 　가례(嘉禮): 왕실 가족의 혼례.
• 　『훈서(訓書)』: 1756년에 왕실의 예의범절에 대해 영조가 직접 지어 간행한 책.
• 　삼전(三殿): 대전, 왕대비전, 중궁전을 함께 이르는 말.

이 무섭고 부모 슬하를 떠날 일이 서러워 숱하게 울었다.

부모 떠날 날이 바짝 다가오니 내가 정을 참지 못하여 종일 소리 내어 울며 지냈다. 부모님께서도 당연히 걱정스럽고 슬프실 터였으나, 사소한 정리를 참고 경계하셨다.

세손을 낳다

이듬해인 영조 20년(1744) 정월, 홍봉한의 딸은 정식으로 가례를 치르고 입궐했다. 그리고 세자빈으로서 삼전과 선희궁을 뵈었다.

영조가 근엄한 얼굴로 훈계했다.

"세자를 섬길 때는 부드럽게 하되, 말소리와 낯빛을 가벼이 하지 말라. 궁중은 여염집과 다르니 무슨 일을 보아도 모르는 체하고 먼저 아는 모습을 보이지 말라. 또한 속옷 바람으로 세자 앞에 나서지 말고 수건에 연지를 묻히지 말라."

속옷? 연지?

빈궁*은 시아버지가 너무 두렵고 어려워 대답도 제대로 하지 못하고 큰머리 가발을 조아렸다. 시할머니 인원왕후*가 웃으며

빈궁을 칭찬했다.

"겨우 열 살 먹은 빈궁의 거동이 참으로 단정하구나. 기특하
도다."

정성왕후와 선희궁이 인원왕후의 말에 동조하며 빈궁을 귀
여워하였다. 실상 빈궁은 무거운 큰머리 가발 때문에 목과 어
깨가 아파 죽을 지경이었다. 까딱 잘못하면 목이 부러질 것 같
아 겁도 났다. 하지만 빈궁은 언제, 어떤 상황에서든 홍씨 가문
의 얼굴로서 법도에 맞게 행동하라는 아버지 말씀을 떠올리며
아파도 참고 겁나도 참았다.

그해 10월, 홍봉한이 매번 떨어지기만 하던 과거 시험에 급
제했다. 때마침 빈궁은 동궁* 아닌 다른 곳에 가 있었는데, 세
자가 그곳까지 달려와 기쁜 소식을 알려 주었다.

"빈궁, 장인이 드디어 급제하셨어요."

"저하……."

어린 부부는 한마음으로 홍봉한의 등과를 기뻐했다.

삼전도 빈궁을 불러 치하했다.

"사돈이 급제하였으니 나라의 경사로다."

- 　빈궁(嬪宮): 왕세자의 아내.
- 　인원왕후(仁元王后): 숙종의 계비로 영조에게는 양어머니.
- 　동궁(東宮): 세자가 기거하던 궁을 달리 이르던 말.

영조로서는 왕자 시절부터 든든한 병풍이 되어 줄 만한 외척이 절실히 필요했다. 생모인 숙빈 최씨가 천출이라는 점, 그래서 제가끔 뜨르르한 가문 출신의 신하들 앞에 내세울 만한 외가가 없다는 점은 영조가 평생 괴로워하고 괴롭힘을 당한 치명적 콤플렉스였다.

『조선왕조실록』을 보면 숙종 44년(1718) 3월, 숙빈 최씨가 세상을 떠났을 때조차 그녀의 배경에 대한 언급은 없다. "숙빈 최씨가 졸(卒)하였다. 임금이 예장(禮葬) 등의 일을 예에 의하여 거행하게 하였다. 관판(棺板)을 수송하게 하고 또 제수를 넉넉히 보내도록 명하였다"라는 단 세 문장만 있을 뿐이다. 아무리 후궁일지라도 '누구의 딸'이라는 사실 정도는 써 주는데, 최숙빈은 그런 언급조차 없다. 공적 기록이 없는 대신 그녀의 이야기는 조선 시대 최고의 성공 신화로만 전해 내려온다. 이를테면 어릴 때 부모를 잃고 다리 밑에서 거지 노릇을 하던 그녀가 영광 군수로 부임하던 민유중의 눈에 띄어 그의 딸(인현왕후)을 섬기는 몸종이 되었다는 식이다. 그 딸이 숙종의 계비로 간택되자 그녀도 함께 입궁했다. 궁중에서는 각심이*였다는 설과, 그 정도로 천하지는 않았고 바느질을 하는 침방의 나인이

*　각심이: 궁중에서 청소 등을 담당하며 궁녀의 시중을 들던 계집종.

었다는 설 두 가지가 전한다. 각심이었건 침방나인이었건 간에 최씨는 희빈 장씨의 세도가 절정에 이르렀을 무렵, 인현왕후의 복위를 기원하는 제를 몰래 올리다 그즈음 인현왕후 폐출을 후회하던 숙종에게 호감을 사 후궁이 되었다. 그리고 아들 연잉군이 조선 21대 왕으로 등극함으로써 조선 시대를 통틀어 '왕을 낳은 후궁' 일곱 명 중 한 사람으로서 죽어서도 특별 대우를 받았다.

외가 쪽으로는 아예 기대하기 힘들었다 치더라도, 대왕대비 인원왕후의 친정인 경은부원군 집안과 정성왕후의 친정 달성부원군 집안에도 과거에 급제한 사람이 없었다. 그런 상황에서 명문가 출신으로 급제한 사돈을 얻었으니 당연히 영조는 홍봉한을 크게 썼다.

빈궁은 지극히 엄한 궁중 법도를 어려워하면서도 잘 적응했다. 자신이 세자와 혼인한 덕에 아버지가 사돈인 임금의 총애를 받고 승승장구한다는 생각에 아무리 힘들어도 이 악물고 참을 수 있었다.

고만고만한 또래 옹주들이 장난감을 가지고 재미나게 놀 때도, 빈궁은 세자빈의 체면을 차려 그들과 어울리지 않았다. 선희궁이 그런 빈궁을 칭찬해 주었다.

"마음속으로는 함께 놀고 싶으련마는, 그것을 참고 놀지 않으니…… 참으로 대견하십니다, 빈궁."

효가 삼강오륜의 으뜸으로 강조되던 시대였기에, 웃전*에 문
안을 올리는 일은 세자 부부의 가장 중요한 일과였다. 반드시
예복을 갖추어 입어야 하고 너무 이르거나 너무 늦어도 안 되
기 때문에 어린아이가 지키기가 쉽지 않은 의무였다. 그러나
빈궁은 문안 갈 시간에 늦는 법이 없었다. 아침 문안이 예정되
어 있으면 앉아서 날밤을 꼬박 새우기 일쑤였다.

"마마, 소인들이 깨워 드릴 터이니 잠시라도 침수(잠) 드시옵
소서."

"너희도 잠들어 버리면 어찌하라고?"

"그럴 리가 있사옵니까?"

"그럴 수도 있지. 나 또한 이대로 앉아서 날 새기를 기다리다
가도 깜빡 잠들 수 있으니 큰 걱정이 아니냐. 혹시나 그런 일이
생기거든 너희는 주저하지 말고 나를 깨워라. 만약 깨우지 않
으면 큰 벌을 받으리라."

빈궁이 그리 엄히 부탁하니, 보모와 몸종도 감히 게으름을
피우지 못하였다. 그 덕분에 빈궁은 지극히 추운 겨울에도, 몹
시 더운 여름에도, 폭풍우 치고 큰 눈이 오는 중에도 제시간에

---

* 웃전: 임금이 거처하는 궁전.

문안을 갈 수 있었다.

영조 25년(1749), 열다섯 살이 된 세자는 생일 다음 날인 정월 22일에 관례를 올리고 27일에 빈궁과 첫날밤을 치렀다. 선희궁뿐만 아니라 정성왕후와 인원왕후는 기쁨의 눈물을 흘렸다.

"강보에 싸여 울음 우실 때가 어저께 같은데, 언제 이리 장성하여 상투를 틀고 합례(첫날밤)까지 하셨소. 세월이 잠깐이구려."

대왕대비 인원왕후는 영조에게도 인사를 건넸다.

"늦게 얻으신 동궁이 저리 의젓한 어른이 되었으니 주상께서도 참으로 대견하고 마음 든든하시겠소이다. 이제 원손을 보시어 오붓한 재미를 누리시면 그 아니 경사스런 일입니까?"

조선 시대에 시집간 여자의 제일가는 의무는 가문의 대를 이을 아들을 낳는 것이었다. 하물며 왕가의 대통을 이을 세손을 낳는 일임에랴. 그것은 어쩌면 빈궁이란 사람이 존재하는 이유이기도 했다.

빈궁은 열여섯 살에 첫아들(의소세손)을 낳았지만, 불행히도 세손은 두 돌을 넘기지 못하고 세상을 등졌다. 세자는 죽은 아이보다도 상심한 빈궁이 더 불쌍했다.

"빈궁, 슬퍼하지 마세요. 내가 용꿈을 꾸었으니, 귀한 아들을 얼을 징조가 아니겠습니까? 이 그림을 보세요. 내가 꿈에 본 용을 그렸답니다."

세자가 용 그림을 그려 침실 벽에 걸어 준 덕인지, 빈궁이 열여덟 살에 낳은 둘째 아들(정조)은 풍채와 골격이 그지없이 당당하였다.

영조도 크게 기뻐하였다.

"어린아이의 모습이 아주 범상치 않으니 조상님께서 도우신 것이다. 나라의 장래를 맡길 경사로다. 내가 다 늙어 이런 경사를 볼 줄 어찌 생각이나 하였으랴. 네가 정명공주의 자손으로 나라의 빈이 되어 네 몸에서 이런 경사를 냈으니 나라에 큰 공을 세웠다. 아이를 부디 잘 기르되, 비단으로 사치하지 말고 무명 의복으로 검소함을 실천하여라. 그것이 복을 지키는 도리이니라."

"명심하겠사옵니다."

그로부터 석 달 후 온 식구가 홍역을 앓았으나, 세자 부부는 물론이고 갓난아기까지도 순조롭게 이겨 냈다. 뒤이어 이 년 터울로 청연과 청선, 두 군주*를 낳으니 영조가 '백 년 만에 생긴 군주'라고 좋아하였다.

---

* 군주(郡主): 세자와 빈궁 사이에서 난 딸을 일컫는 명칭.

아들은 아주 어릴 때부터 어른처럼 일찍 일어나 세수하고 책을 펼쳐 들었다. 놀 때조차 글을 가지고 놀았다. 글을 읽으면 그 소리가 얼마나 맑고 유창한지 마치 신선 세계의 아이가 지상에 내려온 듯하였다.

내가 어린 나이에 이런 거룩하신 아들을 두고, 갑술년(영조 30년, 1754)에 군주 청연을 낳고 병자년(영조 32년, 1756)에 청선을 또 얻었다. 청연은 기질이 온유하고 너그럽고, 청선은 기상이 단아하고 온화하여 내 손안의 두 구슬이었다. 내 팔자를 누군들 부러워하지 않았으리오.

부당(父黨)과 자당(子黨)의 틈바구니에서

내 속을 누가 알꼬

'내 속을 누가 알꼬.'

빈궁은 가끔씩 땅속으로 꺼져 버리거나 하늘로 솟구쳐 버리고 싶었다. 속 모르는 사람들은 조선 땅에서 빈궁만큼 다복한 여인도 없을 거라며 부러워했으나, 사실 빈궁은 당파가 다른 시아버지와 남편 사이에서 말로 다 못할 마음고생을 겪고 있었다. 그런 딸을 보는 홍봉한도 속이 썩을 대로 썩었다.

"오륜의 으뜸이 부자유친(父子有親)이건만, 세상천지에 이런 부자지간이 다 있습니까?"

홍봉한이 한탄했다. 하나같이 순종하는 자식들을 둔 홍봉한으로서는 기어코 부왕을 거스르는 세자를 이해할 수 없었다.

"저희 형제들이야 모두 부모님 슬하에서 훈육도 받고 사랑도 받으며 자랐기에 문제가 없지요. 동궁께서는 그러지를 못하셨습니다. 지극히 존귀한 자리에 태어났어도 부모를 모시고 사랑과 가르침을 받아야만 올바로 성장하는 법인데, 동궁께서는 탄생한 지 겨우 백 일 만에 부모와 떨어져 저승전*에서 사셨으니 언제 부모 정을 알고 부모 가르침을 받았겠습니까. 어리신 아기가 아침저녁으로 대하는 사람은 내시와 나인뿐이요, 듣는 것은 쓸데없는 잡담뿐이었습니다. 내시들이나 나인들이야 그저 귀하신 아기를 떠받들어 모시기만 하였지요. 옷고름, 대님까지 다 매어 드리면서요."

게다가 그 나인들이 모두 소론 쪽으로 기울었던 선왕 경종 부부를 모시던 사람들이었다. 그들은 과거 세자의 생모인 선희궁이 나인이던 시절을 떠올리며 선희궁을 공손히 대하지 않고 뒤에서 헐뜯기 일쑤였다. 선희궁으로서는 귀한 아들을 보러 오고 싶어도 그 궁녀들이 보기 싫어 동궁에 다녀가기를 꺼렸다. 영조도 선희궁의 마음을 모르지 않았고 두 처소가 자주 오가기

•   저승전(儲承殿): 당시의 동궁.

엔 멀기도 해서 자연히 부자 사이에 틈이 생겼다.

"방치한 아기가 어찌 스스로 잘 자라 저절로 부왕의 기대에 부응하겠습니까. 그런데도 성상께옵서는 세자 저하를 보실 때마다 번번이 역정을 내십니다. 꾸중할 만한 일에만 꾸중하시고 칭찬할 만한 일은 칭찬해 주시면 좀 좋겠습니까마는, 작은 일에도 큰 꾸중을 내리시고 칭찬은 전연 없으시니, 아드님 입장에서야 점점 더 아버님이 어렵고 무서워지지 않겠습니까. 요즘에는 문안 한번 가는 일도 무슨 전쟁에 출전이라도 하는 듯이 괴로워하시니 제가 중간에서 어찌해야 좋을지 모르겠습니다."

홍봉한은 수심에 싸인 딸이 안쓰러웠지만, 부자 사이를 화해시킬 뾰족한 방도를 찾지 못했다.

"품 안에서 훈육하지 않으신 탓도 있겠거니와 타고나신 성품부터가 너무 다릅니다. 부왕은 절제가 강하시고 학문에도 애정이 남다르신데, 아드님은 매사에 절제가 부족하고 점점 더 학문을 등한시하시니……. 전에는 제가 이러저러하니 이러저러하셔야 한다고 간곡히 말씀 올리면 그나마 듣는 척이라도 하셨습니다만 요즘은 대놓고 저를 피하십니다. 처음에는 조금 어긋났으나 해가 갈수록 크게 어긋나고 있습니다."

"이러다 영 어긋나시지나 않을지……. 근심이 끝이 없고 뜬 눈으로 밤을 지새우는 날이 숱합니다."

"화평옹주가 살아 계셨더라면 마마께 크게 의지가 되어 주셨을 텐데요……."

"아무렴요. 아바마마께서도 그 따님 말씀은 들으셨고 저하 또한 그 누님 말씀이라면 마음으로 승복하셨습니다. 너무 일찍 돌아가셨어요. 생각할수록 아깝고 그리운 분입니다."

화평옹주는 영조가 가장 사랑한 딸이지만, 그 유별난 총애를 이용하여 분수에 넘치는 행동을 하거나 하진 않았다. 오히려 친동생 사도세자가 부왕에게 미움 받는 것을 늘 안타까워했고 소원한 부자 사이를 이어 주려 갖은 애를 썼다. 영조가 아들에게 지나친 행동을 하면 스스럼없이 부왕을 찾아가 말하곤 했다.

"아바마마, 국본(세자)이 얼마나 귀중하옵니까? 그리 마옵소서. 자애를 잃지 마옵소서."

인원왕후와 정성왕후도 세자를 사랑하여 매사에 세자 편을 들어 주었다. 슬하에 자식이 없던 이 두 여인은 세자를 친손자, 친아들 이상으로 귀애했다.

정성왕후께서는 평소에 그 아드님 위하는 마음으로, 대조(임금)께서 동궁에게 민망히 구시는 일을 큰 한으로 여겨 애달파하시고 답답해하셨다. 동궁께서 잘못된 행동을 하신다는 소문이라도 들으면 늘 나랏일을 근심하여 선희궁에 오가시고 지성으로 애태우셨다.

인원왕후께서는 덕이 뛰어나시어, 궐 안의 법도가 당신이 계심으로써 지엄하였고 동궁을 한없이 사랑하셨다. 내가 입궐한 후 나를 유난히 사랑하시고 소중히 여겨 주셨으니 그 은혜를 어찌 다 기록하리오. 마음을 다해 동궁을 사랑하시어 특별한 반찬을 자주 해서 보내 주셨는데, 궐 안 음식 가운데 인원왕후전의 것이 가장 진귀한 별미였다. 대조와 소조(세자) 사이 난처한 소문을 들으면 언제나 깊이 근심하셨고 나를 보면 민망하지 않으냐며 걱정하셨다.

이렇듯 세자에게 우호적인 여인들이 포진해 있을 때는 그나마 사정이 나았다. 그러나 화평옹주가 젊은 나이에 세상을 등지고 정성왕후와 인원왕후가 잇달아 세상을 뜬 뒤, 새로 등장한 여인들은 늙은 왕의 귀에다 세자에 대한 나쁜 소문을 일러바치기 바빴다. 어질고 공손했던 화평옹주와 달리 시샘이 많고 변덕스러운 화완옹주는 세자를 비호해 줄 때도 있었지만, 은근히 이간질할 때가 더 많았다. 영조 27년(1751), 현빈*의 장례식

●　현빈(賢嬪): 영조의 요절한 맏아들인 효장세자의 빈.

장에서 영조의 눈에 띄어 후궁 자리를 차지한 숙의 문씨는 더 했다. 문 숙의와 그녀의 오라비 문성국이 동궁의 일을 염탐하여 세자의 사소한 비행이나 근거 없는 소문들까지 자꾸만 일러바치자, 안 그래도 미운털이 박혀 있던 세자는 점점 더 영조의 마음에서 멀어져 갔다. 영조 35년(1759), 할아버지뻘인 예순여섯의 왕과 혼인하여 중전이 된 열다섯 살의 정순왕후는 자기보다 열 살 많은 세자 부부를 꺼리어 멀리했고 정순왕후의 친정은 빈궁의 친정과 사사건건 대립했다.

빈궁과 선희궁은 그런저런 형세를 논하다 설움에 못 이겨 붙들고 울곤 했다.

문성국은 동궁의 자잘한 일까지 탐문하여 듣는 족족 여쭈었고, 문녀(문 숙의)는 안에서 들은 소문을 여쭈었다. 그러니 대조께서야 모르실 때도 소조를 의심하셨는데 날마다 듣게 되니 불쾌한 마음에 갈수록 갑갑해하셨다. 나라의 운수가 불행하여 요망한 계집과 간악한 흉적이 생긴 일이 섧도다.

말도 많고 탈도 많은 대리청정

1749년, 세자가 관례를 올렸건만 영조는 한 해 전에 천륜 이
상으로 사랑하던 딸 화평옹주를 잃은 크나큰 슬픔에서 헤어나
지 못했기에 아들이 관례하고 합례한 기쁨을 느낄 심적 여유가
없었다. 그즈음에는 병치레도 잦아서 신하들과 기 싸움을 벌여
야 하는 정무에 안 그래도 예민해진 신경을 깎이기가 싫었다.

"만사가 덧없도다. 나는 조용히 요양할 터이니 웬만한 정사
는 세자가 대리하라."

첫 대리청정* 명령이 떨어진 날은 빈궁이 쪽을 찌고 비녀를
꽂은 관례 날이었다. 빈궁은 불길한 예감에 가위눌려 잠도 제
대로 이루지 못했다.

'아버지는 아들이 못 미더워 사사건건 트집을 잡을 것이고
아들은 부왕을 두려워하여 순간순간 모면하려고만 들 것이니
이 일이 일파만파로 어떤 험한 일을 몰고 올지……'

빈궁의 예감은 적중했다. 세자의 대리청정은 말도 많고 탈도
많았다. 당파 싸움으로 날을 새는 신하들 사이에서 세자가 일
을 마음대로 처리하지 못하고 어찌할까 아뢰면, 영조는 호되게

---

* 대리청정(代理聽政): 왕이 병이 들거나 나이가 들어 정사를 제대로 돌볼 수 없게 되
었을 때에 세자나 세제가 왕 대신 정사를 돌보는 것.

꾸짖었다.

"네가 신하들을 조화롭게 거느리지 못하니 이런 일이 생기지 않는가. 대체 그만한 일을 결단하지 못하고 나를 번거롭게 하니 대리시킨 보람이 없도다."

부왕의 꾸중을 마음에 새긴 세자가 소소한 정무를 단독으로 처리했다. 영조는 이번에도 불벼락을 내렸다.

"그런 일을 알리지 않고 어찌 네 마음대로 한단 말이냐?"

영조는 세자가 이렇게 해도 화를 내고 저렇게 해도 화를 냈다. 심지어는 천재지변이 나도 "세자에게 덕이 없어서 그렇다" 라고 했다. 그래서 세자는 가뭄이 들거나 겨울에 천둥이라도 치면 또 무슨 꾸중을 들을까 근심걱정으로 마음의 병이 깊어졌다. 지켜보는 빈궁도 간이 타고 애가 말랐다.

'지극히 인자하시고 밝고 총명하신 임금께서 어찌 귀한 아드님 마음에 병이 드는 줄을 모르실꼬. 아드님도 그렇지, 아버님이 설사 좀 과하게 구시더라도 그 우뚝하고 굳센 기품으로 인내하며 효도에 힘쓰면 될 터인데, 어찌하여 그 일을 못하실꼬. 아아, 애통하고도 갑갑한지고.'

병이 난 세자가 오랫동안 문안을 하지 않자, 영조는 격노했다.

"고얀 놈, 내가 왕위에서 물러날 테니 어디 한번 잘해 보아라."

멀쩡히 살아 있는 임금이 아들에게 왕위를 물려준다는 것은 아들을 천하의 불효자로 낙인찍겠다는 의미였다. 조선은 효를 최고의 가치로 꼽는 나라였고 불효는 가장 질 나쁜 죄였다. 세자는 본심이야 어찌 되었든 부왕이 그만하라고 할 때까지 불효 죄인으로서 거적을 깔고 빌어야 했다. 인원왕후는 걸핏하면 양위* 소동을 벌여 세자를 괴롭히는 영조가 밉살스러워 이렇게 말했다.

"양위를 윤허하오."

대왕대비의 윤허로 세자는 더 어려운 처지에 빠졌다. 인원왕후든 영조든 둘 중 한 사람이 먼저 자신의 말을 취소하고 사과해야 하는데, 둘 다 자존심을 걸고 쇠고집을 부렸다.

홍역을 앓은 지 얼마 안 된 세자는 쏟아지는 눈 속에서 석고대죄*를 했다. 엎드린 채로 눈사람이 되어 가는 세자를 보다 못한 빈궁과 선희궁이 대왕대비를 찾아가 눈물로 매달렸다. 인원왕후는 결국 고집을 꺾고 윤허를 거둬들였지만, 이 일로 생긴 울화를 삭이지 못하고 얼마 못 가 세상을 떠났다.

- 양위(讓位): 임금의 자리를 물려줌.
- 석고대죄(席藁待罪): 거적을 깔고 엎드려서 임금의 처분이나 명령을 기다리던 일.

동궁께서는 시민당 손지각 뜰 얼음 위에 짚자리를 깔고 엎드려서 죄를 청하시다가 창의궁까지 걸어가셔서 또 그렇게 석고대죄하시고 머리를 돌에 부딪쳐 망건이 다 찢어지고 이마가 상하여 피를 흘리셨다.

점점 살 길이 없노라

세자는 자신의 생일조차 마음 편히 즐기지 못했다. 정월 21일이 생일인데, 영조는 이 날마다 꼭 세자를 불러 정무를 보고하게 하고는 꾸중하거나 춘방관*을 불러서 호통쳤다. 억울하고 서러운 마음에 세자가 기어이 밥을 굶으면, 온 궁중이 어찌할 바를 몰라 하며 발을 동동 굴렀다.

스물세 살이 되던 해, 세자는 대왕대비전 침방나인 빙애를 데려다 살림을 차렸다. 학문을 소홀히 하는 세자가 웃전 나인을 취한 것이 영조의 눈에 곱게 보일 리 없었다. 나중에 그 사실을 알게 된 영조가 노발대발하여 하명했다.

"그 나인을 잡아 오라."

* 춘방관(春坊官): 왕세자의 교육을 맡아보던 세자시강원의 관리.

세자는 행여 부왕이 빙애를 죽일까 봐 속을 태웠다. 침방나인 중에 연배가 비슷한 다른 나인을 빙애라고 속여 내보내고 화완옹주의 시가에 빙애를 숨겨 두기도 하는 등, 이때의 세자는 사랑하는 여인을 보호하려 갖은 애를 썼다. 빙애 때문에 영조에게 호되게 꾸중을 들은 어느 밤에는 서러움이 폭발하여 우물 속으로 뛰어들기까지 하였다. 겨울이라 얼음이 얼어 있어서 큰 사고는 나지 않았지만, 임금부터 대신들까지 그 광경을 모두 보았기에 세자의 위신은 땅에 떨어졌다.

그 사건 이후, 세자는 문안을 완전히 그만두었다. 영조도 편치 않았고 세자도 병이 있었다.

그다음 해(1758) 2월, 영조가 몸소 세자를 찾아왔다. 세자의 꼴이 워낙 말이 아닌지라 영조는 격하게 솟구치는 화증을 참았다.

"네가 한 일을 곧이곧대로 아뢰어라."

세자는 부왕이 이미 다 알고 묻는 듯한 기색을 눈치채고, 죄인처럼 고개를 조아리고 이실직고했다.

"심화가 나서 견디지 못해 사람을 죽였사옵니다. 여의치 않으면 닭 같은 짐승이라도 죽여야 화가 가라앉사옵니다."

"어째서 그러하냐?"

"마음이 상하여 그러하옵니다."

"어찌하여 마음이 상하였느냐?"

"아바마마께옵서 소신을 사랑하지 않으시니 그것이 서럽고 또 너무 자주 꾸중하시니 무서워서 마음에 울화가 쌓였나이다."

영조가 돌아서려다 말고 헛기침을 두어 번 하고는 말했다.

"내 이제는 그리하지 않으리니 너도 얼른 본마음을 회복하여라."

영조는 그 길로 경춘전에 가서 빈궁도 만났다.

"세자가 마음이 상한 탓에 행동이 자꾸 엇나간다는데, 그 말이 옳으냐?"

빈궁은 잠시 제 귀를 의심했다. 저절로 목이 메고 뜨거운 눈물이 흘러내렸다.

"옳사옵니다. 옳다뿐이리까. 어려서부터 자애를 입지 못한 것이 마음에 차곡차곡 쌓여 마침내 병이 되었으니 어찌 서럽지 아니하오리까. 이제부터라도 하해와 같은 은혜와 사랑을 드리워 주시면……."

빈궁이 말을 맺지 못하고 펑펑 울자, 영조가 부드러운 음성으로 달래듯 말했다.

"그러면 내 말이라 이르고, 잠은 어찌 자며 밥은 어찌 먹는지, 아비가 궁금해한다 하여라."

영조의 입에서 아들을 비난하는 말이 아니라 측은해하는 말이 나오기는 처음이었다. 천만 뜻밖의 말에 감격한 빈궁은 울다 웃으며 고개를 수없이 조아리고 두 손 모아 빌었다.

"늘 그렇게만 말씀해 주시고 사랑으로 대해 주시면…… 그 마음, 추스르게 해 주시면……."

"그리하마."

영조는 빈궁의 거동을 물끄러미 지켜보다 돌아섰다.

그러나 빈궁의 기대는 처참히 무너졌다. 영조의 결심은 오래가지 않았고 세자도 종내 마음을 잡지 못했다. 그해 8월, 홍릉*으로 거둥*하는 도중에 큰비가 내리자, 영조는 습관처럼 세자를 탓했다.

"모두 세자 탓이다. 세자는 궁으로 돌아가라!"

세자가 그 소나기를 다 맞으며 돌아온다는 소식을 들은 선희궁과 빈궁은 기가 막혀 어찌할 줄 모르고 눈물만 흘렸다.

"동궁의 상처가 또 얼마나 덧날 터인가. 병이 없는 사람이라도 이런 일을 당하면 섧지 않을 리 없건만……."

"섧고말고요. 순임금처럼 효성이 지극한 성인일지라도 이런

● 　홍릉(弘陵): 정성왕후의 능.
● 　거둥(擧動): 임금의 나들이.

일을 당하고서야 어찌 서러워하며 원망하는 마음을 품지 않으리까."

"그렇지요, 빈궁? 그나저나, 동궁이 들어와 그 화증을 어찌 풀지, 내가 빈궁 보기 민망하구려."

선희궁은 아들의 아픈 마음도 걱정스러웠지만, 아들이 제 화증을 주체하지 못하고 주변 사람을 상하게 할까 봐 노심초사했다. 빈궁도 마찬가지 걱정을 하고 있었다.

스스로도 그리 생각했던지 세자는 성문 밖 경기도 감영* 창고에서 꽉 막힌 기운을 진정한 뒤에 입궐했다. 그러고는 온갖 근심으로 핼쑥해진 아내에게 중얼거리듯 말했다.

"내가 죽어야 끝날 텐가. 점점 살 길이 없노라……."

문득 세자의 눈길이 입고 있던 의복으로 향했다.

'혹시…… 내가 옷을 잘못 입고 가서 이런 일이 일어났나?'

그즈음 세자는 극심한 외로움과 불안, 긴장을 이기지 못하고 여러 가지 신경 발작 증세를 보이고 있었다. 그중 하나가 옷을 편하게 입지 못하는, 이른바 '의대병'이라는 증세였다. 기묘년(1759)과 경진년(1760) 사이에 태워 버린 새 옷이 헤아릴 수 없었다.

•   감영(監營): 관찰사가 직무를 보던 관아.

대저 옷을 한 가지 입으려 하시면, 옷이 열 벌, 스무 벌, 서른 벌이나 준비되어 있어도, 귀신이 조화를 부린 것처럼 불편해하시며 때로는 옷을 불사르기도 하셨다. 한 벌이라도 순하게 갈아입으시면 천만다행인데, 시중드는 아이가 조금만 잘못해도 옷을 입지 못하시니 당신도 힘들고 아랫사람도 못 견딜 노릇이었다. 병인즉슨 참으로 망극한 병이었다. 어떤 때는 옷이 하도 많이 들어가서 동궁 살림살이로는 옷감조차 감당할 수 없었다. 미처 옷을 만들지 못하고 옷감도 얻지 못하면 순식간에 사람이 죽어 나가니 아무쪼록 옷을 해 대려고 해도 여간 신경 쓰이는 바가 아니었는데, 부친께서 이 말을 들으시고는 끝없이 근심하시고 탄식하셨다. 그러고는 내가 애쓰는 일과 사람 상할 일을 민망히 여기셔서 그 옷감을 대 주셨다.

백 가지 이간질과 천 가지 험담으로

영조는 의심도 많았지만 정도 많은 성격이었다. 그 정을 권력과 관련된 복잡한 계산 없이 마음껏 쏟을 수 있는 대상이 딸이었다. 영조는 열두 딸 중에서 화평옹주를 으뜸으로, 화완옹주를 버금으로 사랑했다. 화평옹주가 불행히 일찍 죽자 하늘이 무너진 듯 슬퍼하던 영조는 열한 살 먹은 화완옹주에게로 그 정을 다 옮겼다. 정치달에게 시집간 화완옹주가 스물한 살에 어린 딸을 잃고 남편마저 사별하자, 영조는 여자가 출가하면 죽을 때까지 시집에서 사는 조선 시대 관습법을 외면하고 화완을 입궐시켜 곁에 두고 평생토록 총애하였다. 영조는 딸을 너무 사랑한 나머지 딸의 양자까지도 사랑하여 정후겸에게 높은 벼슬을 내렸다. 후겸은 양어머니의 권세를 믿고 영조 말기의 국정을 쥐락펴락하면서 세손을 모해하는 데 앞장섰다가 정조가 즉위한 후에 사약을 받았다. 이때 화완옹주에게도 사약을 내리라는 공론이 높았으나 정조는 '선왕께서 지극히 사랑하신 사람'이라는 이유를 들어 서인으로 강등하기만 했다.

부왕의 눈먼 사랑이 지켜 주는 동안, 화완옹주를 건드릴 수 있는 사람은 아무도 없었다. 혜경궁도 세손도 화완옹주의 비위를 거스를까 전전긍긍했다.

대개 이 사람의 성품이 여편네 중에서도 남 이기려는 마음과 시기, 시샘, 권세 좋아하는 것이 유별하여, 온갖 일이 다 여기서 발생했다. 대충 말하자면 나밖에 누가 부왕의 총애를 받겠는가 하여, 부왕께서 나인이라도 신임하는 이가 있으면 그를 싫어하고 세손을 손바닥에 넣어 한시라도 마음대로 못하게 하고 내가 세손 어미인 게 미워 제가 어미 노릇을 하려 했다. 또 나는 장차 대비가 되고 저는 못 될 일을 시기하여 백 가지 이 간질과 천 가지 험담으로 기어이 세손과 세손빈 사이를 물과 불의 관계로 만들어 놓고 세손이 혹 궁녀를 가까이하실까 단속 하여 기어이 후사가 생기지 못하게 하였다. 또한 음흉한 계교 로 이간질을 하여 세손이 외가인 우리 집에 정이 떨어지게 했 다. 세손이 장인을 좋아하시면 장인인 청원부원군을 시샘하고, 심지어 세손이 『송사(宋史)』를 편집하느라 밖에 나가시면 『송 사』를 다 시샘하였다. 백 가지, 천 가지, 만 가지 일에 저 혼자 만 권세를 쓰고 모든 사람이 다 저를 따라야 하고 다른 이는 어떻게 돼도 좋다는 마음이니, 이 어찌된 사람인가. 이것이 다 나라 운세와 관계된 일이니, 하늘은 무슨 뜻으로 임오화변*을 만들어 나라가 거의 뒤집힐 뻔하게 하고 또 괴이한 여자를 내 어 세도를 어지럽히고 조정의 관리들을 어육이 되게 하셨는가.

"마마, 옹주 때문에 더 고달프시지요? 옹주가 부왕께 보채면 될 일도 안 되고 안 될 일도 되니, 조정에서도 무진 골치를 앓 고 있습니다. 후겸이가 거리낌 없이 주제넘은 짓을 해대는 것

● 임오화변(壬午禍變): 1762년(영조 38) 윤5월, 영조가 대리청정 중이던 왕세자를 폐 위하고 뒤주에 가두어 죽인 사건.

도 차마 못 볼 노릇이고요."

홍봉한이 빈궁에게 넋두리를 했다. 빈궁은 부쩍 늘어난 아버지 얼굴의 주름과 하얗게 센 귀밑머리가 속상했다.

"너무 심려하지 마십시오, 아버님. 요즘엔 그래도 옹주가 세자 저하를 많이 도와주는 편입니다."

"변덕이 무궁하고 지극히 요사스러운 사람입니다. 조심하고 또 경계하셔야 합니다."

빈궁은 아버지의 마음을 이해하면서도 가늘게 한숨을 쉬었다.

'만사가 그 사람 손안에 있는 형세에 조심하고 경계하는 기색을 들켜 되레 찍히면 어찌합니까. 위급한 때에 말이라도 넣어 볼 데가 옹주 말고 또 있습니까.'

빈궁은 자꾸 어두워지는 얼굴빛을 고쳤다.

"옹주도 어찌 보면 불쌍한 사람입니다. 만약 일성위(정치달)가 일찍 죽지 않아 둘이서 아들 낳고 딸 낳고 살림에 재미를 붙였다면, 오늘날 궁중에서 이렇게까지 할 리 만무하지요……."

누구 편을 들 것인가

경진년(1760), 세자는 화완옹주를 달래고 을렀다.

"내가 요즘 가슴이 답답하고 숨이 막혀 살 수가 없다. 네가 어떤 수단을 부려서든지 아바마마를 저 멀리 경희궁으로 옮겨 가시게 하라. 그리고 내가 온양으로 가서 바람을 쐴 수 있게 하라."

화완옹주는 오라버니 세자가 또 무슨 미친 짓을 할까 두려웠다.

"알겠습니다. 어떻게든 아바마마를 움직여 볼게요."

과연 화완옹주의 힘은 컸다. 영조는 동궁에서 멀리 떨어진 경희궁으로 거처를 옮겼고 세자는 온양으로 거둥을 갈 수 있게 되었다.

빈궁은 세자가 던진 바둑판에 왼쪽 눈을 맞아 영조가 이어할 때 하직 인사도 나가지 못했다. 죽고 싶을 정도로 괴로운 동시에 언제 남편 손에 죽을지 모른다는 두려움 또한 컸던 빈궁은, 세자가 온양에 가 있는 동안, 마지막 인사를 하는 심정으로 아우들과 올케들을 불러 얼굴을 보았다.

소금 먹은 푸성귀처럼 축 처져 궐문을 나선 세자는 뜻밖에도 궐 밖 공기를 마시자마자 어진 임금의 자질을 발휘했다. 도중에 백성들에게 민폐를 끼치지 못하게 했고, 구경 나온 인파가 다치지 않도록 조심했으며, 군마가 탈출하여 밭의 곡물을 해치자 밭주인에게 쌀 한 섬을 배상하게 했다. 그러자 백성들이 춤을 추며 왕세자의 덕망을 찬양했다.

그대로 본성을 회복했으면 좋으련만, 환궁한 뒤 세자의 병은 오히려 심해졌다.

"대궐은 사람을 말려 죽이는 곳이로다. 숨도 제대로 쉴 수가 없느니."

후원에서 무예 연습 같은 것으로 소일해 보아도 신통치 않았던지 신사년(1761)부터 세자는 수시로 대궐 밖을 몰래 나갔다 왔다. 신사년 정월에는 궐 밖으로 나가려 옷을 갈아입다가 의대병이 격해져서 옷시중 들던 후궁 빙애(경빈 박씨)를 때려죽이기까지 했다. 슬하에 청근현주*와 은전군 찬을 두었던 경빈 박씨의 최후는 그렇듯 비참했다. 3, 4월에 세자는 병으로 누워 있다고 안팎을 속이고 이십여 일 동안 관서 지방을 유람했다.

세손빈의 세 번째 간택날에도 세자는 의대병으로 한바탕 난리를 쳤다. 의복 일습과 망건을 여러 번 바꾸었는데, 하필 그날 망건의 옥관자가 마땅한 것이 없어 관리들이 쓰는 큰 옥관자를

●   현주(縣主): 세자의 서녀를 이르는 말.

붙였다. 빈궁은 며느리 볼 일이 기쁘면서도 시아버지와 남편이 마주치면 또 무슨 사달이 날까 무서워 가슴 졸였다.

사현합*에서 부왕과 동궁이 마주쳤다. 부왕께서는 아드님의 옥관자가 무반의 관자같이 크고 괴이하여 왕세자답지 않다고 격노하셨다. 자리가 어떤 자리이며 그보다 더한 일도 많거늘 관자가 무슨 큰일이라고 미처 처녀(세손빈)가 들어오기도 전에 "보지 말고 돌아가라" 하고 꾸중하셨다. 그 일은 정말 너무 슬펐다. 왜 작은 일로 그렇게까지 하시는가.

해가 바뀌어 임오년(1762)이 되었다. 3월에 세자는 영조의 금주령이 지엄한데도 궐 밖에서 몰래 데려온 비구니, 기생 들과 어울려 술잔치를 벌였다. 4월에는 거처를 빈소 모양으로 꾸며 놓고 관 속에서 잠을 잤다. 맹인을 불러 점을 치게 하고는 말을 잘못하면 죽였다. 5월에는 무기(武器)붙이와 말을 감추기 위해 지하실을 지었다.

이 시절, 빈궁의 위치는 불편하고 미묘하고 위험했다. 빈궁은 왕의 며느리이자 세자의 아내였고 세손의 어머니이자 노론

●   사현합(思賢閤): 경희궁에 있던 전각.

의 대표 홍봉한의 딸이었다. 왕은 세자를 미워했고 세손을 총애했다. 세자는 물론 아들을 사랑했지만, 아들이 무럭무럭 잘 자라고 있다는 사실이 세자의 안위에 되레 위협이 되는 것이 현실이었다. 세손이 있는 한, 세자가 없어도 대통은 이어질 수 있으니 말이다. 빈궁은 그 사실을 잘 알고 있었다. 예부터 아버지와 아들이 친애하기란 쉽지 않거니와, 왕조 시대의 임금 아버지와 세자 아들만큼 어려운 사이도 드물다. 이를테면 태조 이성계와 태종, 인조와 소현세자 등의 부자 관계는 웬만한 정치적 적수보다 더 나빴다. 절대 권력이란 부자지간이라도 나눠 가질 수 없는 법이어서, 미래 권력인 세자와 세손의 관계도 마찬가지였다.

소조께서는 매양 사관에게 연설*을 받아써 오게 하여 보셨다. 연설 중에는 대조께서 세손을 칭찬하고 사랑하신다는 것뿐 아니라 "나라의 미래를 세손에게 맡기노라" 하신 내용도 있었다. 소조도 세손을 사랑하시지만, 제왕가 부자간이 예부터 어려운 법이거늘, 하물며 당신은 어릴 적에 자애를 못 받자온 것이 지극한 한이 되어 있는데, 부왕께서 손자만 그토록 칭찬하

●   연설(筵說): 임금과 신하가 모여서 국사를 논의하면서 하던 대화.

시니 그 격한 울화 가운데 소조의 마음이 어떠하리오.

세손 한 몸에 종사의 존망이 달려 있는 형국이라, 세손을 무사히 지키려면 소조께서 그 연설을 보지 못하시게 조치해야 했다. 하지만 보지 못하시게 할 길이 없으니 내관에게 일러 사관이 연설을 써 오거든 세손에 대한 말은 고친 다음에 보시게 하였다. 위급할 때면 내가 친히 내관을 지휘하여 그런 말을 빼게하고 이 사연을 아버님께 알렸다.

"아무쪼록 세손을 평안하게 할 도리를 취하소서."

아버님께서도 나라를 위하는 충심으로 두루 주선하셔서 그런말은 밖에서 빼고 써 오게 하셨다.

홍봉한의 근심도 나날이 깊어졌다. 그 또한 세자 사위를 처음 보았을 때에야 당연히 정성을 다해 보필하여 성군으로 만들고 싶은 마음이 컸다.

부친께서는 항상 세자의 학업을 도우셔서 세자께 유익한 일을 담은 옛사람의 글도 써 드리시고 세자께서 글을 지어 보내시면 평론하여 드리셨다.

그러므로 세자께서 시강원 학관에게 배우셨으나 우리 부친께배우시는 것이 더 많았다. 사위 세자께서 천만 백성의 태평성군이 되시기를 원하는 지성이 우리 부친만큼 간절했던 신하가 또 있을까. 돌이켜 보면 슬프기 그지없다.

그러나 세자는 장인이 기대한 대로 성장하지 않았다. 다만 공부에 흥미를 잃었을 뿐이라면 어찌어찌 넘어갈 수도 있으련만, 시나브로 마음의 병이 깊어져 보통 사람들은 이해하지 못할 비행을 저지르고 다녔다. 그 병은 의관들과 논할 수 있는 성질도 아니어서 홍봉한이 은밀히 약을 지어 보내는 등 뒷감당을 해야 했다.

세자에게 의탁하다 세자가 잘못되면 홍씨 가문도 끝장날 터였다. 홍봉한의 동생 홍인한은 가문을 살리려면 세자와 세손을 함께 버려야 한다고 주장했다.

"세손이 등극하여 제 아비 복수를 하려 들면 어찌하시럽니까? 화근은 뿌리째 뽑아야 합니다, 형님."

"빈궁은? 내 딸은 어찌한단 말인가?"

홍봉한의 질문에 홍인한은 답하지 않았다.

홍봉한은, 별궁에서 가례 준비를 할 때 부모와 헤어질 일이 무서워 울던 어린 딸의 모습을 떠올렸다. 겨우 열 살 나이에 목이 부러질 듯 무거운 큰머리를 하고 입궐하던 딸의 뒷모습도 어제 일처럼 눈에 삼삼했다. 눈시울이 뜨거워지고 명치끝이 저

릿저릿했다.

숱한 불면의 밤과 뼈가 녹는 고민 끝에 홍봉한은 세자를 포기하고 세손이라도 보호하자는 쪽으로 입장을 정리했다.

'죽을 각오로 세손을 보호하면 빈궁도 살 것이다. 빈궁이 살면 우리 가문도 살 테지.'

홍봉한은 빈궁에게 세자를 버리라는 속내를 은근히 내비쳤다.

아아, 누구 편을 들 것인가.

처음에는 이러지도 저러지도 못하는 입장이었으나, 빈궁의 마음도 시나브로 남편보다는 아들을 지키는 쪽으로 기울고 있었다.

하늘아, 하늘아, 차마 어찌 이리 만드는가

임오화변

임오년(1762) 5월, 청지기 나경언이 세자의 그릇된 행위 열 가지를 적은 상소문을 올렸다. 거기에는 세자가 왕손의 어미(경빈 박씨)를 때려죽이고 비구니를 궁으로 들인 일, 임금의 허락 없이 관서 유람을 나간 일 등이 적혀 있었다. 영조는 격노하여 나경언을 참형시키고* 세자의 관서 유람에 관련된 사람들을

* 나경언을 참형시키고: 『영조실록』 임오년 5월 22일 기사를 보면, 영조는 "나경언이 없었더라면 내가 어찌 세자의 비행을 알았겠는가?"라고 하며 나경언을 살리고자 하나, 신하들이 나경언을 대역죄인으로 몰아가자 마지못해 참형을 허락한다.

징계했으며, 세자가 시전 상인들에게 진 외상 빚을 갚아 주었다.

　그다음 달인 윤5월, 11일 밤에서 12일 새벽에 걸쳐, 세자는 차마 해서는 안 될 행동을 시도했다.

　동궁이 수구(水口)를 통하여 윗대궐로 간다고 벼르시더니 가지 못하고 도로 오셨는데, 그때가 윤5월 11일에서 12일 사이였다. 그즈음에 어찌 황망한 소문이 과장되어 퍼지지 않을 수 있었으랴? 동궁께서 하시는 일이 극도로 낭자해졌으나, 그 모든 일은 병이 심해 정신이 피폐해졌을 때 하신 일이다. 병 때문에 화증으로 들떠서, 칼을 들고 가서 죽이고 싶다 하셨지 어찌 본심으로 그러하셨을까.

　본심이 아니라 하더라도 용납될 수 없는 일이었다. 세자가 아버지를 죽이러 칼을 들고 나섰다는 소문이 온 궁중에 퍼지자, 마침내 선희궁이 나섰다.

　당신(선희궁)의 도리로는 옥체(영조)를 보호하옵는 대의가 옳고, 이미 병이 참담한 지경이니 차라리 몸(세자)이 없는 것이 옳고, 삼종*의 혈맥이 세손께 있으니 당신 아드님을 천만 번 사랑할지라도 나라를 보전하려면 이 일밖에 없다고 생각하신 것이다.

13일에 내게 편지하시되,

"어젯밤 소문이 너무 무섭소. 일이 이렇게 된 연후에는 내가 죽어 모르면 몰라도 살아 있는 한, 종사를 붙들어야 옳고 세손을 구해야 옳을 것이오. 내가 살아서 빈궁을 다시 볼 것 같지 않소."

라고 말하셨다. 내가 그 편지를 붙들고 울었으나, 바로 그날 그런 큰 변이 날 줄이야 어찌 알았을까.

선희궁은 영조를 찾아가 피눈물로 세자의 반역을 고변했다.

"세자의 병이 점점 깊어져 이제 더 바랄 것이 없사옵니다. 소인이 어미 된 정으로 차마 어찌 이런 말씀을 아뢰겠사옵니까만, 옥체를 보호하고 세손을 건져 종사를 평안히 하는 일이 옳사옵니다. 부디 대처분을 하옵소서. 전하께서도 부자의 정으로 차마 어찌하기 어려우실 터이나, 모두 병으로 이리된 일이니 병을 어찌 책망하오리까? 처분은 하시되 은혜를 베푸시어 세손 모자를 평안케 하여 주소서."

아들을 죽이라 권하는 어미의 마음이 어떠했을까. 영조는 한

●   삼종(三宗): 효종과 현종과 숙종을 일컫는 말.

참 동안 천장을 올려다보다 눈을 감고 음성을 가다듬었다.

"밖에 내관 있느냐? 동궁으로 가리라. 차비하라."

동궁은 부왕의 거둥령을 듣고 두려워서 아무 소리 없이 군기(軍器)붙이와 말을 다 감추어 두라 하시고는 가마를 타고 경춘전 뒤로 가시며 나를 오라 하셨다. 근래에는 동궁의 눈에 사람이 보이면 곧 일이 터지기 때문에 가마뚜껑을 덮고 사면에 휘장을 치고 다니셨는데, 그날 나를 덕성합으로 오라 하셨다.

그때가 오정(낮 열두 시) 즈음이었다. 홀연 무수한 까치 떼가 경춘전을 에워싸고 울기에 이 또한 무슨 징조일까 괴이하다 싶었다. 세손은 환경전에 계셨다. 내 마음이 황망하고 세손의 몸이 염려되어 급히 환경전으로 내려가서, "무슨 일이 있더라도 놀라지 말고 마음을 단단히 먹어라." 하며, 천만당부 하고 어찌할 바를 몰랐다. 그런데 거둥이 무슨 일인지 늦으셔서 미시* 후에나 휘녕전으로 오신다는 말이 있었다. 덕성합으로 가서 동궁을 뵈오니 그 장하신 기운도 사라지고 언짢은 말씀도 하지 않으셨다. 고개 숙여 깊이 생각하시는 양 벽에 기대어 앉으셨는데, 안색이 놀라서 핏기가 없었다. 나를 보시면 응당 화증을

• 　미시(未時): 오후 한 시부터 세 시.

내시리라 짐작하고 내 목숨이 오늘 끝날 것도 각오했기에 세손에게 부탁하고 경계하였건만, 소조의 말씀은 사뭇 뜻밖이었다.

"아무래도 이상해. 자네는 사랑하는 며느리니 잘 살겠네만…… 무서워."

나는 눈물을 흘리며 말없이 손을 비비고 앉았다. 이때, 대조께서 휘녕전으로 오셔서 동궁을 부르신다는 전갈이 왔다. 그런데 이상하게도 '피하자'는 말도 '도망가자'는 말씀도 하지 않으시고 좌우를 치지도 않으시며 조금도 화내시는 기색 없이 용포를 달라 하셔서 썩 입으시는 것이 아닌가.

"내가 학질을 앓는다 하려 하니 세손의 휘항*을 가져오라."

하고 동궁이 말씀하시기에,

"그 휘항은 작으니 이 휘항을 쓰소서."

하며 내가 당신 휘항을 권하였더니 뜻밖에도 이렇게 말씀하셨다.

"자네는 참 무섭고 흉한 사람일세. 자네는 세손 데리고 오래 살려 하기에 오늘 내가 죽을 터이니 그것을 꺼려서 세손 휘항을 내가 못 쓰게 하지 않나? 내가 그 심술을 알겠네."

내 마음은 당신이 그날 그 지경에 이르실 줄은 모르고, 이

●   휘항(揮項): 추울 때 머리에 쓰던 모자의 하나.

일이 어찌될까, 사람이 설마 죽을 일일까, 우리 모자는 어찌 될까, 전전긍긍하던 참이었다. 한데 그런 천만뜻밖의 말씀을 하시니 내가 더욱 서러워서 세손의 휘항을 갖다 드렸다.

"마음에 없는 말씀은 하지 마소서. 세손 휘항을 가져왔사오니 이것을 쓰소서."

"싫다! 꺼려하는 것을 써서 무엇 할꼬?"

이런 말씀이 어찌 병드신 이 같으시며, 그날은 어이하여 공손히 나가려 하셨던가. 모두 하늘이 시키는 일이니 원통하고 원통하도다.

휘녕전은 이미 군사들이 네다섯 겹으로 막아서서 출입을 통제하고 있었다. 총관 휘하 군사들은 궁의 담 쪽을 향하여 칼을 뽑아 들고 섰다.

세자가 들어오자, 영조가 칼을 두드리며 말했다.

"관을 벗고 용포를 벗어라. 긴말 하지 않겠노라. 이 자리에서 자결하라."

"아버님, 아버님, 이리 마소서. 잘못하였습니다. 용서해 주소서."

세자는 절박한 마음에 여염집 아들처럼 임금을 아버님이라 불렀다. 관과 용포를 벗고 맨땅에 엎드려 우는 세자의 이마에서 피가 번졌다. 세자시강원 관리들도 함께 엎드려 울었다.

세자가 문득 허리띠를 풀어 목을 매려 하자, 시강원 관리들이 통곡하며 뜯어말렸다.

"어서 자결하라. 그것만이 종사를 보전하는 길이다."

영조는 시종일관 자결을 종용했다. 세자는 용서해 달라고 빌다 때때로 죽는 시늉을 했고, 시강원 관리들은 몸을 던져 세자를 만류했다.

신시* 즈음 영조는 외소주방*의 쌀 담는 궤를 들여오라 명했다. 소주방에서 임금의 진의를 파악하느라 궤를 내가지 못하고 허둥지둥하는 가운데, 열한 살 먹은 세손이 눈물범벅이 되어 휘녕전 대문 안으로 뛰어왔다.

세손 역시 관과 포를 벗고 세자의 뒤에 엎드렸다.

"아비를 살려 주옵소서. 살려 주소서, 할바마마."

영조가 큰소리로 호령했다.

"나가라!"

"살려 주소서, 살려 주소서, 할바마마."

세손이 엎드린 채 울부짖자, 영조가 다가가 세손을 안아 올렸다. 그리고 무신 김성응 부자(父子)를 불렀다.

●　　신시(申時): 오후 세 시에서 다섯 시 사이.
●　　외소주방(外燒廚房): 궁궐에서 주로 잔치 음식을 만들던 주방.

"세손을 시강원으로 보내고 다시 들어오지 못하게 지켜라."

하는 수 없이 왕자 재실에 갇히다시피 한 세손이 몸부림치며 괴로워하는 정경을 본 빈궁은, 하늘과 땅이 맞붙고 해와 달이 모두 없어진 듯 눈앞이 깜깜했다. 살고 싶은 마음이 조금도 없어 칼을 찾아 목숨을 끊으려 하자, 옆에 있던 나인들과 상궁들이 완력으로 빼앗았다. 날카로운 쇠붙이 같은 것이라도 찾아보려고 눈을 부릅떴으나, 주변에 그런 것이 있을 턱이 없었다.

빈궁은 하릴없이 숭문당을 지나 휘녕전으로 나가는 건복문 밑으로 나아갔다.

아무것도 보이지 않고 다만 대조께서 칼 두드리는 소리와 동궁께서,

"아버님, 아버님, 잘못하였습니다. 이제는 하라시는 대로 하고 글도 읽고 말씀도 다 들을 것이니 이리 마소서."

하시는 소리가 들렸다. 그 말씀을 들으니 내 간장이 마디마디 끊어지고 눈앞이 보이지 않았다. 가슴을 아무리 두드린들 무슨 소용이 있으랴. 당신의 용맹스러운 힘과 장한 기상으로, 부왕께서 궤에 들어가라 하신들 아무쪼록 들어가지 마실 일이지, 어찌하여 들어가셨는가. 처음에는 뛰어나오려다가 이기지 못하여 그 지경에 이르니, 하늘이 어찌 이렇게 하셨는가. 만고에

이런 설움이 또 있으랴.

내가 문 밑에서 통곡하였지만, 아무 소용이 없었다.

영조는 몸소 뒤주 뚜껑을 덮고 자물쇠를 채웠다.

"세자를 폐위하였으니 빈궁과 세손, 세손빈 등을 좌의정(홍봉한)의 집으로 보내라."

밤도 거의 반이 지난 시각이었다. 나인들이 모두 뒤따라오며 통곡하는 가운데, 가마에 오르던 빈궁은 기기 막혀 정신을 잃었다. 친정에서도 자결을 시도했으나, 지키고 섰던 식구들이 가로막았다.

시간이 좀 지나자 빈궁의 눈앞에 자식들, 특히 세손의 얼굴이 아른거렸다.

'어린 나이에 그 망극한 광경을 보았으니 마음이 얼마나 놀랍고 서러우랴. 이 판국에 어미마저 죽고 없으면 열한 살 세손이 그 첩첩한 슬픔을 어찌 견딜 것인가.'

죽고픈 마음을 돌이킨 빈궁은 친정집에서 세손을 붙들고 간곡히 타일렀다.

"나는 네 아버님의 아내로 이 지경이 되었고 너는 아들로 이 지경을 만났으니 다만 우리 운명을 서러워할 뿐이지 누구를 원망하며 누구를 탓하리오. 지금 우리 모자 보전하는 것도 성은

이요, 우러러 의지할 분도 성상(임금)이시다. 네가 몸을 평안히 하고 착하게 자라야 성은을 갚고 네 아버님께 효자가 되리라. 서럽고 힘들더라도 마음을 상하면 아니 된다."

세손이 억지로 고개를 끄덕였다. 빈궁은 껙꺽 터져 나오려는 울음을 참았다. 그러나 빈궁도 세손도 저절로 솟구치는 눈물을 막지는 못했다.

세자가 뒤주에 갇힌 지 칠 일째 되는 윤5월 20일 오후, 마른 하늘에 난데없이 번갯불이 번쩍하더니 천둥이 울렸다. 빈궁은 눈물도 말라붙은 핼쑥한 얼굴을 두 손으로 감싸고 엎드렸다.

'평소에도 천둥소리를 무서워하시는 분인데……. 껌껌한 뒤주 속에서 이 소리를 어찌 견디실꼬.'

빈궁의 눈에는 남달리 장대한 신체를 가진 세자가 좁디좁은 뒤주 속에서 몸부림조차 치지 못하고 두려움에 떠는 모습이 선했다. 곧 하늘에 구멍이라도 뚫린 듯 폭우가 쏟아졌다. 흉한 예감이 빈궁의 뇌리를 스쳤다.

그다음 날인 윤5월 21일(양력으로는 7월 12일), 비가 그치자 뒤주를 살핀 무관이 마침내 세자의 숨이 끊어졌음을 확인했다. 영조는 이제나저제나 그 소식을 기다리는 중이었으면서도 막상 보고를 받고 보니 억장이 무너졌다. 원수처럼 미워하던 아들이었으나, 스물여덟 해에 이르는 천륜의 정은 여전히 무거웠다. 푸석하고 꺼칠한 입술을 달싹거리던 영조가 겨우 말했다.

"세손의 마음을 생각하고 대신들의 뜻을 헤아려 세자를 복위시키고 시호를 사도(思悼)라 한다……. 빈궁에게는 혜빈(惠嬪)이라는 호와 이를 새긴 옥도장을 하사한다."

사도세자의 장례 책임은 홍봉한이 맡았다. 기실 이 일은 홍봉한밖에 맡을 사람이 없었다. 홍봉한은 그날로 세자의 관을 시강원으로 모시게 하고 법에 정해진 대로 장례를 치르기 위해 필요한 여러 기구를 꾸렸다. 어둑새벽에야 귀가한 홍봉한은 뜰에서 빈궁의 손을 잡고 거의 실성할 듯 통곡했다.

"망극지통을 어이할까마는 이겨 내셔야 합니다. 끝끝내 참으시고 기어코 견디소서. 세손 모시고 만년을 누리소서."

모자 보전함이 모두 성은이로소이다

세자의 장례를 마치고 영조를 만난 혜빈은, 남편을 죽인 시아버지 앞에 납작 엎드려 감사 인사를 올렸다.

"모자 보전하옴이 다 성은이로소이다."

아들과 함께 살아남기 위해서는 어쩔 수 없는 선택이었다. 실상 세손은 벌써부터 죄인의 아들이라는 이유로 입지가 흔들리고 있었다. 집권 노론은 훗날을 염려하여 세손마저 제거하겠다고 덤비기 시작했다.

'누가 이 아이를 지켜 주랴? 제 할아버지밖에는 없느니!'

혜빈은 애끓는 모정을 숨긴 채, 가장 안전한 장소인 영조의 품 안에 세손을 데려다 맡기고자 했다. 핏줄이라고 해서 정이 저절로 생기는 게 아니라 곁에 두고 키워야만 참된 정이 생긴다는 사실을, 혜빈은 이미 뼈에 사무치도록 절절이 깨달았던 것이다.

"세손을 경희궁으로 데려가 가르쳐 주시기를 바라옵니다."

"세손을 떠나보내고 네가 견딜 수 있겠느냐?"

나는 눈물을 드리우며 아뢰었다.

"떠나서 섭섭한 것은 작은 일이요, 웃전을 모시고 배우는 것은 큰일이옵니다."

그렇게 세손을 올려 보내기로 결정하였다. 모자간 정리에 서로 떠나는 모습을 어찌 견딜 수 있으리오. 세손이 나를 차마 떠나지 못하고 울고 가니, 내 마음은 칼로 에는 듯 아팠다. 대조의 성은이 지극하셔서 세손을 지극히 사랑하셨고, 선희궁께서도 아드님 사랑하던 정을 모두 세손께로 옮기시어 나날의 생활과 행동과 음식 등 모든 일에 마음을 다하여 지성으로 보호하셨다.

남편을 잃고 아들을 떼어 보낸 혜빈은 가슴에 맺힌 슬픔으로 오래 앓아누웠다. 영조는 그런 혜빈이 가여웠다. 그해 9월, 세손의 생일에 혜빈을 부른 영조는 손수 혜빈의 거처에 붙일 현판을 써 주었다.

"오늘 네 효심에 감동하여 써 주노라."

가효당(佳孝堂). 아름다운 효심의 집……

혜빈은 그 현판을 볼 때마다 대체 무엇이 아름다운 효심일까 생각하며 씁쓸해하지 않을 수 없었다.

갑신년의 처분

갑신년(영조 40년, 1764) 2월 20일, 영조는 세손을 요절한 효장세자의 양자로 입적시켰다. 세손을 죄인의 아들이라는 굴레에서 벗어나게 함으로써, 그것을 빌미로 공격하는 무리에게서도 벗어날 수 있게 하려는 의도였다. 이제 세손은 법적으로 사도세자와 혜빈의 아들이 아니라 효장세자와 현빈의 아들이 되었다.

'내가 낳은 아들이 내 아들이 아니라니?'

혜빈은 머리가 어찔하고 눈앞이 캄캄하여 한참을 일어나지 못했다.

처분이 너무도 천만뜻밖이니, 위에서 하신 일을 아랫사람이 감히 이렇다 저렇다 하겠는가마는, 그때 내 망극한 심정은 견주어 비할 곳이 없었다. 임오화변 때 모진 목숨을 끊지 못하고 살았다가 어찌 이런 일을 다 당하는가. 그 자리에서 당장 죽고 싶었으나 위에서 그 처분을 원하시는 듯하기에 굳게 참았다. 그러나 망극하고 슬프고 원통한 마음이 임오년보다 덜하지 않았다. 선희궁께서 음식을 끊고 가슴 아파하시던 일이야 어찌 다 기록하리오.

세손은 어린 나이에 고금에 없는 큰 슬픔을 품고 또다시 이런 일을 당하시니 너무나 애통해하셨다. 효장세자의 양자가 됨으로써 돌아가신 아버지의 상복을 벗으실 때는 곡하며 우는 소리가 하늘에 사무쳤으니 천지가 깜깜하게 막히던 초상 때보다 더욱 서러워하셨다. 세손의 연세도 그때보다 두 살이 더했으니, 당신 당한 일이 갈수록 너무나 원통했을 터이다. 그런 세손을 지켜보는 내 간장은 쇠가 녹을 듯, 돌이 터질 듯하였다.

"하루아침에 아버지가 바뀌는 일도 있습니까? 이럴 수는 없습니다."

세손은 음식을 끊고 울면서 잠을 이루지 못했다. 혜빈은 죽을 끓여 세손에게 가져갔다.

"차라리 죽어 모르고픈 심정이야 너나 나나 똑같고, 죽는 것은 오히려 쉽다. 하지만 그것이 과연 아버님의 한을 푸는 길일까……. 아버님의 한을 풀어 드리려면 네가 천금 같은 몸을 보호하고 착하게 잘 자라는 수밖에 없느니라. 입맛 없어도 너도 한 술 뜨고 나도 한 술 뜨자꾸나."

그해 7월, 선희궁이 세상을 떠났다. 궁녀였을 적 이름은 알려진 바 없고 영조 6년에 귀인에서 영빈으로 승격한 다음부터는 줄곧 영빈으로 불렸던 후궁. 사도세자뿐 아니라 화평옹주, 화순옹주, 화완옹주 등 여섯 딸을 낳았지만, 화완옹주 하나를 제외하고는 모두 앞세운 슬픈 어머니. 남편을 구하고자 아들을 밀고한 아내. 『영조실록』에 "후궁에 40여 년간 있으면서 근신하고 침묵을 지켜 불행한 때에 처하여 (임금을) 보호한 공로가 있었다"라는 기록으로 남은 여인.

영조는 영빈을 후궁 일등의 예로 장사 지내게 하고 손수 제문을 지었다. 후궁의 상에는 임금이 직접 임하지 않는 것이 예법이었으나, 영조는 법을 고치라 명하면서까지 친히 발인에 참석하였다. 그리고 영빈이 아들을 버리고 임금을 보호한 의리를 기려 「표의록(表義錄)」을 짓고는 "이 의리를 모르고 이 마음을 모르면 나라를 다스릴 수 없기에 부득이 글을 지어 후세에 보이려 했다"라고 말했다. 이듬해에는 의로울 의(義), 매울 열(烈), 두 글자를 써 '의열'이라는 시호를 추증했다.

혜빈의 감회도 남달랐다. 열 살 어린아이일 때 고부지간으로 만나 어언 이십 년, 고금에 없는 비극을 함께 겪은 사이였다.

"내가 차마 하지 못할 일을 하였으니 내 자취에는 풀도 나지 않으리라. 내 본심인즉 나라를 위하고 임금을 위한 일이었으나, 생각할수록 모질고 흉할 뿐이다. 빈궁은 내 마음을 알겠지만, 세손 남매가 나를 어떻게 생각할꼬."

항상 그런 말씀을 하시고, 밤에는 늘 잠을 이루지 못하시고 동편 툇마루에 나와 앉으셔서 동녘을 바라보며, 혹 그런 처분을 하지 않았어도 나라가 보전되지 않았을까, 내가 잘못하였는가, 아니다, 그렇지 않다, 여편네의 약한 소견이지 내 어찌 잘못하였으리오, 이런 생각으로 마음을 앓으셨다. 혼궁*에 오시면 부르짖어 울고 서러워하시다 마음의 병이 커져 마침내 이승을 하직하시니 더욱 슬프구나.

• 　혼궁(魂宮): 세자의 장례를 치른 뒤 삼 년 동안 신위를 모시던 궁.

임금 아드님 둔 보람

홍봉한의 위기

"대체 그 집은 우리 홍가와 무슨 원수가 졌기에 사사건건 트집을 잡고 없는 말을 지어낸단 말인가?"

홍봉한이 화가 나서 목청을 높이자, 동생 홍인한이 달래는 어조로 말했다.

"시기심 때문이지요. 다 같은 척리*인데, 우리 집안은 번성하고 자기네는 우리 집안의 절반도 못 따라오니 소인배의 좁은

• 척리(戚里): 임금의 외척.

마음에 괜한 원한이 맺힌 것입니다. 신경 쓰지 마십시오."

"난들 사람 같지도 않은 것들에게 신경을 쓰고 싶을까 보냐. 주상 전하께서 저들의 거짓말에 흔들리셔서 안타까울 따름이지."

홍봉한을 노하게 한 '그 집'은 정순왕후의 친정인 경주 김씨 일문이었다. 혜빈도 이 집안 때문에 속이 많이 상했다.

우리 집이 대대로 재상가인 데다 먼저 척리가 되었으니, 행여 우리가 저희(정순왕후의 친정)를 비웃는가, 모욕하는가 하는 자격지심으로 저희가 우리를 의심하고 일없이 노하였다. 그러던 중 경진, 신사년(영조 36, 37년)에 동궁의 병환이 점점 여지없게 되시고 영묘(영조)께서 저희를 새사람으로 지나치게 친근히 대하시니 저희의 나쁜 마음이 점점 커졌다.

"동궁이 저토록 심하게 덕을 잃었으니, 어쩔 수 없이 큰일이 날 것이다. 그럴 때는 동궁의 아드님(세손)도 당연히 보전치 못할 것이다. 일이 그리되면 나라에 다른 왕자가 계시지 않으니 필경 우리가 중전께 양자를 들이게 될 테고 외가로서 오래도록 부귀를 누릴 것이다."

하고 저희들의 흥겨운 의논이 무르익었다.

마침내 임오화변이 일어나자, 정순왕후의 오라비 김귀주와 종숙부 김한록 등이 집안 모임에서 차마 입에 담을 수 없는 흉언(凶言)을 발설했다.

"세손은 죄인의 아들이라 왕통을 잇지 못할 것이다. 그러니 태조의 자손이면 누구라도 왕이 될 수 있다."

혜빈의 생각에는 김귀주 일당이 죽기 살기로 홍봉한을 해치려 덤비는 까닭이 바로 이 흉언에 있었다.

'흉언이 차차 전파되어 온 세상이 다 알게 되었는데, 그놈들 생각과는 달리 대조께서 세손을 굳건히 보호하시고 세손은 나날이 장성하니, 적반하장으로 내 아버님께 세손을 돌보지 않은 죄를 몽땅 뒤집어씌우고 저희는 충신인 체하려는 게지. 세상에 별별 흉악한 무리가 많다지만, 귀주네만 한 것들이 또 있으랴. 그 아비도 성품이 비루하고 음흉하거니와 귀주는 더더욱 표독스러운 독물이 아니냐.'

기축년(영조 45년, 1769)에 일어난 별감* 사건은 귀주의 무리에게는 아주 좋은 기회였다.

열여덟 살이 된 세손은 매제 정재화(청선군주의 남편 홍은부위)를 좋아했다. 정재화는 바람기가 다분하여 기생들과 노는 것을

---

*   별감(別監): 조선 시대에, 장원서(掌苑署) 및 액정서(掖庭署)에 속하여 궁중의 각종 행사에 참여하고 임금이나 세자가 행차할 때 호위하는 일을 맡아보던 하인.

즐겼는데, 그 방탕한 놀음에 세손이 꾀여 들어갔다.

어느 날, 화완옹주가 정색하고 혜빈을 찾아왔다.

"요즘 흥은부위가 세손을 꾀여 무슨 짓을 하고 다니는지 아십니까? 별감들을 앞세워 기생 놀음을 합니다. 그 재미에 한번 빠지면 학문을 멀리하고 처신이 그릇될 게 불을 보듯 훤하지 않습니까? 모년(임오년)을 생각해 보세요. 별감에서 시작하여 차차 나쁜 물이 들어 끝내 그 끔찍한 화변이 일어났지 않습니까. 행여나 대조께옵서 이 일을 아시는 날이면, 모년 일이 다시 나지 않는다는 보장이 있습니까?"

'모년 일이 다시 나리라'는 말에, 혜빈은 머릿속이 하얘지고 심장이 떨렸다.

"어찌하면 좋겠소?"

"제가 나서면 모양이 좋지 않지요. 또 하나뿐인 제 자식(정후겸)에게 해로운 일이 생길 수도 있고요. 그러니 스스로 아신 것으로 하시고 일이 커지기 전에 그 별감들을 귀양이나 보내면 좋겠습니다. 지금 세손의 외할아버지가 영의정이시니 능히 법에 따라 그 별감들을 다스릴 수 있을 겁니다."

"내 당장 세손께 이야기하겠소."

화완옹주가 눈썹을 찌푸렸다.

"일을 어찌 그리 급히 하시려 합니까. '그 별감들을 다스려

주소서' 하고 편지를 써서 세손빈에게 주시면 김 판서(세손빈의
아버지 김시묵)가 영상(영의정 홍봉한)과 의논하여 비밀리에 그 별
감놈들을 없애지 않겠습니까?"

혜빈은 세손빈을 통하지 않고 곧바로 아버지에게 편지를 보
냈다. 홍봉한은 거절했다. 조용히 처리하기 힘든 일인 데다 혹
시나 세손이 그 일로 외가를 꺼릴까 염려된다는 이유에서였다.
그러나 혜빈은 '모년 일이 다시 나리라'는 말이 너무 무서웠던
터라 다른 방도는 일절 생각하지 못했다.

"아버님께서 이놈들을 다스려 주지 않으시고 세손이 끝내 잘
못된 길로 빠진다면 제가 살아서 무엇 하겠습니까. 밥을 굶고
죽겠나이다."

홍봉한은 사랑하는 딸의 고집을 이기지 못했다.

"마마……. 세손 위하는 한마음으로 삶과 죽음, 화와 복을
계산하지 않겠습니다."

홍봉한은 김시묵과 의논하여 별감들을 귀양 보낸 뒤, 세손에
게 편지를 올렸다.

"어찌하여 홍은부위같이 상스러운 아이를 가까이하십니까?
홍은이 잘못된 길로 빠지기에 별감들을 벌주었나이다."

세손은 자신 때문에 귀양을 간 별감들에게 미안했다. 외조부
가 괜히 들쑤시고 나대는 바람에 별일 아닌 사건이 커졌다는

생각에 기분이 나쁘기도 했다. 화완옹주는 혜빈을 충동할 때와는 전혀 다른 얘기를 하며 세손과 외가 사이를 이간질했다.

"아이고, 우리 귀한 세손께서 외가 때문에 속상하지요? 영상도 참, 그 일을 이렇게까지 요란스레 처리할 까닭이 무엇이랍니까. 외할아버지라고 사소한 허물을 덮어 주지는 못할망정 온 세상에 드러내 버리니 세상천지에 이런 인정은 듣도 보도 못했습니다."

세손은 아무 대답도 하지 않았지만, 뿔난 기색이 역력했다.

김귀주의 무리는 세손과 외가 사이가 벌어졌다는 소식을 듣고 쾌재를 불렀다.

"드디어 홍가를 칠 때가 왔도다!"

귀주네는 화완옹주 모자와 함께 '홍가 치기'에 힘을 합하기로 짬짜미했다.

"댁들이 밖에서 치면 우리는 안에서 응하리다. 안팎에서 쳐 대면 아무리 홍 정승인들 당해 낼 수 있겠소? 그렇지 않습니까, 어머님?"

정후겸이 화완옹주를 바라보며 말했다. 화완옹주가 눈웃음을 지으며 대답했다.

"암, 그렇고말고. 아바마마는 내가 맡을 터이니 조금도 염려하지 말거라."

영조 46년(1770), 김귀주 무리의 꾐에 넘어온 시골 선비 한유가 홍봉한을 역적으로 모는 상소문을 올렸다.

"임오년에 홍봉한이 주상 전하께 일물(뒤주)을 바치고 권하였다는 소문이 세간에 자자하옵니다. 이것이 정녕 사실이옵니까? 아아, 옛날에도 이 정도로 흉악한 신하는 없었습니다. 역적 홍봉한의 목을 베소서."

영조는 뼛속이 서늘해졌다. 임오화변은 영조로서도 되새기기 끔찍한 악몽이었다. 그 일에 대해서는 어떤 말도 입에 올리지 말고 어떤 문서에도 쓰지 말라고 누누이 일러 온 영조였다.

"그 일물을 쓴 사람은 나였다. 바친 자가 역적이면 나는 무엇이 되는가? 너도 또한 조선의 신하일진대 어찌 감히 그런 말을 입에 올리고 글로 쓸 수 있느냐? 너 같은 자는 일순간이라도 하늘 아래 내버려 둘 수 없다. 여봐라, 이 자를 즉시 효시*하라. 앞으로 또다시 이 사건을 거론하는 자는 역적으로 처벌받을 것이다."

그다음 해(1771), 김귀주 무리는, 홍봉한이 사도세자의 서자인 은신군과 은언군을 왕통으로 추대할 마음을 먹고 세손에게 불리한 사건들을 꾸며 냈다는 얘기를 하며 다시금 홍봉한을 역

● 　효시(梟示): 목을 베어 높은 곳에 매달아 뭇 사람에게 보임.

적으로 몰아붙였다.

'아버님께서 병들어 본성을 잃어버리지 않고서야 어찌 당신 핏줄인 세손께 불리하게 하고 은신군과 은언군을 위하겠는가. 삼척동자도 넘어가지 않을 거짓말로 임금을 속이려 들다니 이런 극악무도한 자들이 세상천지에 또 있을까.'

혜빈은 피를 토하고 죽고 싶은 심정이었다. 그러나 늙어서 판단력이 흐려진 영조는 김귀주와 화완옹주의 충동질에 거의 넘어간 상태였다. 다행히 세손이 나서서 일을 수습해 주었다. 세손은 직접 정순왕후를 찾아갔다.

"외조부가 왕손(은신군과 은언군)을 추대하려 한 자취가 전혀 없는데, 아무리 사람이 미워도 그렇지 함정을 만들어 빠뜨려 죽이려 하면 되옵니까? 그러지 마소서."

그 후 영조의 미움을 산 홍봉한이 도성 안에 있지 못하고 시골에 은거할 때, 행여 부친이 빠져나올 수 없는 모함에라도 걸려들까 염려한 혜빈은 아우 홍낙임에게 화완옹주의 아들 정후겸과 사귀라고 종용했다.

"권세를 좋아하는 그 사람 천성이 저와는 많이 다르옵니다. 어이하여 사귀기 어려운 사람과 사귀라 강권하시는지요?"

홍낙임이 난감한 표정으로 마다하였지만, 혜경궁은 마음이 급했다.

"옛사람 가운데는 어버이를 위해 목숨을 바치는 효자도 있었다. 후겸이가 제 어미를 믿고 권세를 부릴 뿐이지 내시도 아니고 흉적도 아니지 않느냐? 네 고고한 자질을 더럽히기 싫다고 아비의 위태로움을 외면한다면 어찌 사람의 자식이라 할 수 있느냐?"

그렇게 아우를 설득하여 후겸과 사귀도록 하고 혜빈 자신은 화완옹주의 비위를 극진히 맞추어 환심을 샀다. 남매가 열심을 다해 화완옹주 모자에게 아부한 덕에 홍봉한은 참화를 피할 수 있었다. 그러나 이 일은 두고두고 홍씨 집안에 화근이 된다.

내 집이 처음에는 후겸이로 인하여 죽을 뻔하였으나, 나중에는 후겸이 모자의 힘으로 보전하였으니, 영묘 살아생전에는 후겸이를 떼어 낼 길이 없었다. 그러구러 후겸이와 엮어 가다 마침내 후겸이와 함께 죄를 입었으니, 지금 생각하면 신묘년(1771)에 아버님께서 화를 당하시더라도 후겸이는 사귀지 말았더라면 싶다. 허나 사람의 자식이 되어 부형이 참화를 당할 일이 눈앞에 뻔히 보이는데 차마 어찌 손놓고 기다리리오. 그저 후겸이 모자가 내 전생에 지은 업보려니, 이를 한탄할 뿐이다.

부녀의 마지막 상봉

병신년(1776), 재위 오십이 년 만에 영조가 승하하고 스물다섯 살의 세손이 뒤이어 즉위하니 그가 바로 조선의 22대 왕, 정조다. 원래 임금의 어머니가 맡는 대비 자리는 정순왕후가 차지했다. 정조는 애매한 처지의 어머니에게 "혜(惠) 자는 선왕께서 내리신 칭호이니, 빈(嬪) 자만 고치자"며 혜경(惠慶)이라는 칭호를 주었다. 그리고 사도세자의 존호를 '장헌'으로, 무덤인 수은묘를 '영우원'으로, 사당을 '경모궁'으로 높여 칭하는 동시에 왕권을 위협하는 세력을 신중하고도 민첩하게 숙청하기 시작했다.

아들이 왕이 되었건만, 혜경궁의 친정집은 되레 풍비박산의 위기에 놓였다. 온갖 수단을 동원해 정조가 왕위에 오르는 것을 방해한 세력 가운데 정후겸과 홍인한이 있었고, 그 정후겸과 절친한 벗들 중에 홍낙임이 있었기 때문이다. 김귀주 등은 자기들 죄를 덮고자 더 맹렬하게 홍봉한의 '일물 제공설'을 거론하며 홍씨 가문 전체를 역적으로 몰아세웠다. 혜경궁이 가만히 숨죽이고 있을 리 없었다.

내 그때 뜰로 내려가 밤낮으로 통곡하고 목숨을 끊기로 기약하매, 선왕(정조)이 나를 지극히 위로하셨다.

혜경궁은 울며 호소하는 것은 물론 밥을 굶고 잠을 자지 않았다. 정조는 그런 어머니를 정성스레 달래면서도 숙청 작업을 중단하지 않았다. 그간의 반역 행위는 둘째치고라도 임금으로서 온전한 권위를 찾기 위해서는, 딸의 권세를 믿고 감히 왕가를 무시하는 두 척리 집안의 기를 꺾어 놓아야만 했다. 정조는 두 척리 집안의 대표적인 불충 죄인으로 풍산 홍씨 집안에서는 홍인한을, 경주 김씨 집안에서는 김귀주를 지목하고 사약을 내렸다.

'홍인한의 권세는 모두 홍봉한에게서 나온 것이므로 홍봉한도 죽여야 한다'는 내용의 상소가 빗발쳤지만, 정조는 그런 말만은 듣지 않았다. 홍봉한은 홍인한과 지체가 달랐다. 한 치 걸러 두 치라고, 그는 정조 자신의 외조부였다. 홍인한처럼 역심이 명백히 드러나지도 않았는데, 국왕이 자기 외조부를 두고 죽을죄를 논하는 것은 여러모로 부담이 너무 컸다. 더군다나 혜경궁의 슬픔을 생각할 때는 두말할 여지가 없었다.

재위 이 년째 되던 해(1778), 정조는 혜경궁을 위하여 홍낙임을 풀어 주기로 결심했다. 홍낙임이 죄인의 굴레를 벗어야 홍봉한도 도성 안으로 돌아올 명분이 생길 터였다.

"아! 내가 어려서 아버님을 잃고 오늘날까지 살아 있게 해 주신 분은 오로지 자궁(慈宮, 혜경궁)이시다. 그런데 자궁께서 지난해 가을 이후로 음식을 전부 물리치고 항시 눈물만 흘리시므로, 우러러 뵐 적마다 내 심장과 간이 타는 것 같았다. 자궁께서 이러하시게 된 까닭은 곧 봉조하*의 얼굴을 보지 못하여 그러시는 것이고, 단지 보지 못해서만이 아니라 장차 살아생전에 만나지 못하게 될까 해서였다. 홍낙임을 풀어 주고 봉조하에게 사신을 보내 즉시 입궐케 하라."

마침내 입궐한 홍봉한의 손을 잡고 정조는 눈물을 흘렸다.

"경의 가문이 겪은 불행이야 다시 말한들 무엇하겠습니까? 오늘 경을 보니, 솟구쳐 오르는 감회를 억누를 수 없습니다."

"성은이 망극하옵니다, 전하."

홍봉한도 눈물을 흘리며 인사 말씀을 올렸다.

혜경궁은 홍봉한이 대전에서 나오기를 기다리며 안절부절못하고 서성거렸다.

"마마, 봉조하께서 길을 몰라 못 찾아오시겠습니까? 그만 앉으셔서 느긋하니 기다리소서. 그리고 이따 봉조하를 뵙더라도

● 봉조하(奉朝賀): 조선 시대, 전직 관원을 예우하여 종이품의 관원이 퇴직한 뒤에 특별히 내린 벼슬. 종신토록 신분에 맞는 녹봉을 받으나 실무는 보지 않고 의식에만 참여한다. 여기서는 홍봉한을 가리킴.

너무 많이 우시지는 마소서. 두 분 기력이 쇠하실까 염려되어 올리는 말씀이옵니다."

친정집에서부터 혜경궁을 모신 나인 복례가 혜경궁을 졸졸 따라다니며 달랬다.

"다른 사람은 몰라도 너는 내 마음을 알리라. 아버님이 내게 어떤 분이더냐⋯⋯."

그 말만 했는데도 목이 메어 혜경궁은 말을 잇지 못했다.

'아들들한테는 엄히 구시면서 나한테는 끝없이 자애로우셨던 아버님. 어머님께서 돌아가신 뒤로는 당신 한 몸으로 어머님 역할까지 해 주셨던 아버님. 이 미욱한 딸 때문에 망극한 사건을 무궁히 겪으시고 얼마나 노쇠하셨을까.'

문밖이 불현듯 소란했다.

"마마, 봉조하께서 납셨사옵니다."

나인들이 양쪽에서 미닫이문을 열어젖혔지만, 문밖의 홍봉한과 문 안의 혜경궁은 한참 동안 서로를 바라만 볼 뿐 다가서지 못했다.

'어찌 이리 여위셨나. 어깨는 또 어찌 이리 굽으셨나. 아아, 내 불효가 참으로 하늘을 찌르는구나.'

혜경궁은 못 본 사이에 극도로 쇠약해진 홍봉한의 모습을 차마 오래 응시하지 못하고 눈을 내리깔았다. 분하고 원통하여 오장이 다 떨렸다.

홍봉한은 눈을 들어 잠시 천장을 올려다보았다. 오래전에 세상을 떠난 아내 이씨가 자신을 원망하는 듯했다.

'그러게 무슨 영화를 보겠다고 우리 예쁜 딸을 간택에 내보내셨습니까?'

'당신 말이 맞소. 당신이 옳았소.'

홍봉한은 귀밑머리가 희끗희끗한 딸의 얼굴이 낯설었다. 홍봉한의 가슴에 새겨진 딸의 초상은 언제나 나이에 걸맞지 않게 단아하고 의젓하던 열 살짜리 빈궁이었다.

홍봉한은 눈에 띄지 않게 고개를 흔들고 정신을 가다듬었다. 그리고 방으로 들어가 딸의 손을 잡았다.

"신묘년(1771) 이후 팔자가 하도 기구하기에 살아서 마마를 다시 뵈올 꿈도 못 꾸었는데…… 이제는 죽어도 여한이 없을 것 같습니다."

홍봉한의 눈에서 빗물처럼 쏟아진 눈물이 혜경궁의 손을 적셨다. 그제야 혜경궁의 눈에서도 눈물이 주르르 흘러내렸다.

"아버님, 원통하옵니다. 나라를 위해 몸이 부서지고 뼈가 가루가 되도록 일한 대가가 겨우 이것이란 말입니까. 아아, 모두 못나고 부덕한 제 탓입니다. 제 죄가 크고도 무겁습니다, 아버님."

나인 복례가 다과상을 내오며 옛 주인에게 절했다. 홍봉한이 복례를 치하했다.

"그동안 마마를 잘 모셔 주어 고맙다."

혜경궁은 부친에게 부지런히 다과를 권하면서도 자책의 눈물을 멈추지 못했다. 홍봉한이 딸의 손을 어루만지며 위로했다.

"울지 마소서. 마마 탓이 아닙니다. 예로부터 홍진비래*라고 하지 않습니까. 우리 집안의 운수가 한껏 올라갔다가 때가 되어 기울었을 뿐입니다. 낙임이가 살아났으니 그것만으로도 하늘을 우러르고 성은에 감읍할 따름입니다."

"이만큼 기울었으면 더 기울 데도 없으니, 이제 올라갈 일만 남았겠네요? 아버님, 부디부디 오래 사셔서 집안이 나아지는 모습을 보셔야 합니다."

"그래야지요. 그때…… 다시 편안한 모습으로 뵙지요. 오늘은 밖에서 기다리는 사람들이 많아 이만 물러갈까 하옵니다."

"이렇게 금방 가시려고요?"

혜경궁은 피곤한 기색이 역력한 홍봉한을 더 붙잡지 못했다.

●　홍진비래(興盡悲來): 즐거운 일이 다하면 슬픈 일이 닥쳐온다는 뜻으로, 세상일은 순환되는 것임을 이르는 말.

사실이지 시골에서 숨어 살던 홍봉한으로서는 수년 만의 도성 나들이가 몹시 힘들고 편치 않았다. 기다리는 사람들을 배려해서라기보다는 혹시라도 딸이 아비의 부실한 몸 상태를 눈치채고 지나치게 걱정할까 두려워 일찍 일어난 것이었다.

혜경궁은 홍봉한이 퇴궐한 뒤에도 한참을 더 울었다.

정조가 도성 안에 홍봉한의 집을 사 주라고 명하였지만, 그해 섣달 초나흗날에 홍봉한은 병을 이기지 못하고 세상을 하직했다.

내 죄가 얼마나 중하고 깊었던지 하늘이 앙화*를 내려서 그해 섣달 초나흗날에 아버님 상을 만나 영원히 이별하게 되었다. 내 지극한 슬픔과 한이야 하늘 끝에 가 닿으리라. 누가 부모를 잃지 않을까마는 나 같은 슬픔은 고금에 다시없을 것이다.

당신의 타고난 기품을 헤아리면 칠순을 못 누리실 까닭이 없건마는 나라를 위하여 수십 년 마음 졸이시고 흉악한 무리들에게 애매한 욕을 수없이 보시고 마침내 집안이 망하여 몸을 상하셨으나, 굳은 충성심을 끝내 밝히지 못하시고 지극한 원한을

---

* 앙화(殃禍): 어떤 일 때문에 생기는 재난.

품은 채 명을 재촉하시기에 이르셨으니 이 일이 누구의 탓이리오. 그것은 모두 불초하고 불효한 나를 두신 탓이니 나는 **뼈**를 갈아도 이 불효를 속죄하지 못할 것이다. 그런데도 모진 목숨을 또 견디어 땅 위에 보전함은 우리 주상의 성스러운 효성에 이끌렸기 때문이거니와 아버님과 화복을 함께하지 못한 것이 부끄럽고, 슬픔이 천지에 사무친다.

생일이 같은 손자

혜경궁은 가문 부흥이라는 소망을 뒤로 미루었다. 아들의 한은 오래 묵은 것이었고, 외가 사람들이 사도세자의 죽음을 방조했다는 의혹이 아들의 마음속 깊이 뿌리 박혀 있었다. 아들은 스스로를 "하늘을 꿰뚫고 땅에 사무치는 원한을 안고서 죽지 못해 살아 있는 사람"이라 표현했다. 혜경궁은 마음이 조급해질 때마다 임금 아드님의 해묵은 한이 누그러질 때까지 기다려야 한다고 스스로를 타일렀다.

임금 아들이 있으니 손자도 있어야 세월을 기약해도 느지막이 기약할 수 있을 터인데, 정조에게 늦도록 후사가 없어서 혜경궁은 걱정이 컸다. 그 와중에 정조가 총애하는 신하 홍국영이 열세 살짜리 어린 누이동생을 정조의 후궁으로 들이곤 감히 으뜸 원(元) 자를 써서 원빈이라 일컬었다. 그리고 이 누이가 일 년 만에 요절하자 중전에게 죄를 뒤집어씌우기 위하여 중궁전 나인들을 혹독하게 고문했다. 마침내는 은언군의 아들 담을 죽은 누이 원빈의 양자로 입적시켜 세자로 책봉시키고 자신은 외척이 되고자 하였다.

혜경궁은 더는 참을 수 없다고 생각하고 정조를 찾아갔다.

"이것이 무슨 일이며, 이것이 어찌된 뜻입니까. 생각을 해 보시오. 주상이 아주 늙으셨습니까, 병환이 있으십니까? 아들 얻고 싶은 마음이야 노소와 귀천이 따로 없거늘 종사를 책임지신 주상께서 서른이 다 되도록 아들 없는 것도 초조하고 민망한 일인데, 지금 남(홍국영)의 손에 휘둘려 스스로 아들 못 낳는 사람으로 판정해 버리셨으니, 이것이 도대체 무슨 일입니까?"

"국영이 비록 오랫동안 의지한 신하이기는 하나, 요즘 들어 신하의 분수를 넘어서는 일이 많습니다. 멀리해야 할 때가 온 듯하옵니다. 염려 마소서."

재위 삼 년째 되던 해(1779) 9월, 정조는 결국 홍국영을 도성 밖으로 추방했다.

그로부터 삼 년 뒤(1782), 의빈 성씨의 몸에서 문효세자를 얻긴 했으나, 병오년(1786) 5월과 9월에 세자와 의빈 성씨가 연이어 세상을 뜨고 말았다. 정조 또한 지극한 슬픔으로 몸이 많이 축나서 혜경궁은 아들 걱정에 애가 말랐다.

경술년(1790) 6월 18일, 혜경궁의 간절한 바람은 결실을 맺었다. 가순궁(수빈 박씨)이 아들(순조)을 낳은 것이다. 그날은 혜경궁의 생일이었다. 혜경궁 못지않게 후사를 기다리던 정조가 감격하여 말했다.

"이 아이 생일이 마마의 생신과 같은 날이니 옛날 역사 기록에도 없는 신기한 일입니다. 이 아이가 탄생한 것은 마마의 지극정성이 하늘을 감동시킨 결과입니다."

"지극정성이야 잘 모르겠소마는, 종사와 주상을 위해 나보다 더 애간장을 태운 사람은 없을 겁니다. 감축하오, 주상."

그동안 혜경궁은 자신의 생일날에도 별다른 상차림을 하지 못하도록 엄히 단속했는데, 손자와 같은 날 생일상을 받게 되자 비로소 작은 규모의 연회를 열도록 허락하였다.

회갑연

을묘년(1795) 1월 21일은 경모궁(사도세자)의 회갑일이었다. 정조는 혜경궁, 대비, 중전, 가순궁, 청연·청선 군주를 데리고 경모궁 신위에 참배했다.

혜경궁은 지나치게 애통해하는 아들을 생각하여 자기 슬픔은 되도록 억눌러야겠다고 다짐했다. 그러나 막상 신위 앞에 서자, 온갖 감정이 다 일어나 심신을 가눌 수가 없었다.

나는 억만 슬픔이 뒤섞여 일어나 경모궁 신위를 우러러 가슴 가득한 슬픔으로 울었건만 경모궁의 모습과 목소리는 아득히 멀리 계시어 한마디 '아노라' 하지 않으셨다. 남은 한은 끝이 없고 심장이 꽉 막혀 답답하였으나 내가 너무 상할까 주상이 말리시기에 설움을 다 펴지 못하고 돌아오니 만사가 꿈같아 마음을 진정시킬 수가 없었다.

혜경궁의 마음을 익히 아는 정조가 제안했다.

"윤2월에 화성으로 원행*을 갈 계획이온데 함께 다녀오심이 어떠합니까?"

"말씀은 고마우나 궁중의 여편네가 예법에도 없는 일을 어찌 하리오."

혜경궁이 사양했지만, 정조는 자식 된 도리를 앞세워 밀어붙

* 원행(園幸): 세자나 세자빈 등의 산소에 가는 일.

였다.

"지극한 마음보다 더 귀한 예법은 없습니다. 어떤 예법이 지 아비를 그리는 지어미의 마음을 앞서리까."

정조는 십수 년을 애써서 조성한 신도시 화성과 아버지의 새 무덤 현륭원을 어머니에게 꼭 보여 주고 싶었다.

윤2월 9일에 궁을 나가 16일에 환궁하기까지 여드레에 걸친 원행은 장엄, 화려하기 이를 데 없었다. 신분을 빼앗기고 서인 이 되거나 죽지 않으면 궐 밖으로 나가 보지 못하는 운명의 왕실 여성으로서 이런 식의 외출을 해 본 여성은 오로지 혜경궁 뿐이었다.

무덤 앞에 서니 슬픔은 오롯이 새로웠다.

모자가 서로 손을 잡고 산소를 찾아 지극한 슬픔을 울음으로 고하니 하늘과 땅이 아득하고 저승과 이승이 까마득히 멀어 새삼스레 슬픔을 헤아릴 수 없었다. 작년 거둥 때 주상이 너무 애통해하셔서 여러 신하들이 어찌할 바를 몰랐다는 말을 듣고 놀랐는데, 이번에도 주상이 너무 서럽게 우시어 무덤의 마른 풀들이 용루*로 다 젖었다. 내가 놀라 스스로 진정하고 주상을

•   용루(龍淚): 임금의 눈물.

붙들어 모자가 위로하며 북받치는 설움을 억눌렀으니, 이런 정경에는 무심한 석인*조차도 감동하였을 것이다. 청연, 청선 두 군주가 따라 울었으니 그 슬픔을 더욱 어찌 형용하리오.

슬픈 가운데에도 이것저것 생각해 보니 모진 목숨을 부여잡고 살아온 보람도 많았다. 혜경궁은 하늘을 우러러 독백했다.

'보시어요. 열 살 갓 넘은 어린아이였던 주상이 온갖 시련을 이기고 무사히 성장하셔서 보위에 오르셨고, 열 살도 안 된 유아였던 청연, 청선 자매가 다 자라 혼인을 했습니다. 당신의 핏줄을 간신히 보전하여 이렇게 거느리고 왔습니다.'

정조는 화성의 백성들에게 쌀을 나누어 주고 노인들을 위하여 경로잔치를 베풀었다. 왕과 벼슬아치들 모두 흥에 겨워 도성으로 돌아갔다.

"자궁께서 칠순을 맞는 갑자년(1804)에도 화성으로 와서 큰 잔치를 열 터이니 이번 연회에 사용한 집기를 그대로 보존하라."

정조가 또 한 번의 원행을 약속한 갑자년은 혜경궁에게 칠순 이상의 의미가 있는 해였다. 아들이 '갑자년에 외가를 복권해

● 　석인(石人): 무덤 앞에 세우는, 돌로 만든 사람 형상.

주겠다'고 약속한 것이다.

주상께서 갑자년에 모두 크게 풀자 하시기에 내가,

"갑자년이면 내 나이가 칠십일 텐데, 내가 칠십까지 살기도 어렵거니와 혹 살아 있더라도 주상이 오늘 하신 말씀을 어기면 어찌하오?"

하고 불만스럽게 말했더니 주상께서 화를 내셨다.

"설마 칠십 노인을 속이겠습니까?"

6월 18일, 혜경궁의 회갑일에는 내전에서 연회가 열렸다. 신하들과 친척들이 대거 참석한 이 자리에서 혜경궁은 아들 내외와 손자가 올리는 술잔을 받았다.

회갑연 이후, 혜경궁은 평생의 한이 반쯤은 풀린 듯하였다. 모처럼 마음이 한가로운 이 시절에 친정집 장손 홍수영이 간청했다.

"본집에 귀인의 필적이 없으니 친히 무슨 글이든 써 주시면 집안의 보물이 될 것입니다."

홍수영은, 혜경궁에게 더할 나위 없이 가엾고 귀한 장손이었다. 그 장손이 부탁하는데 어찌 거절할 수 있으랴. 그래서 집필한 것이, '한가한 시절의 기록'이라 읽어도 될, 『한중록』제 1편

이다. 말미에는 수영에게 부탁하는 말을 구구절절 적었다.

수영이 너부터 앞장서서 임금 섬기기에 정성을 다하고 벼슬 살이하는 동안 청렴결백하며 일 처리를 조심스럽고 충실히 하여라. 집안을 화평한 가운데 강직하고 밝게 다스리고 제사를 정결히 받들며 홀어머니를 효성스레 봉양하라. 작은할아버지들과 작은아버지들을 극진히 섬기고 나이 어린 고모와 여러 사촌 동생을 동기같이 지도하고 사랑하라. 먼 친척과 집에 드나드는 가난한 사람들을 잘 대접하고 비복에게까지도 사랑을 베풀어 너의 할아버지와 아버지의 덕행을 한결같이 이어 가문의 명성을 떨어뜨리지 말라. 그리하여 주상께 착한 척리가 되고 집안의 착한 자손이 되어 무너지고 거꾸러진 가문을 다시 일으켜라. 이것이 네 한 몸에 있으니 믿고 또 믿노라.

정조는 그해에 홍봉한의 제문을 친히 써 주었고 홍봉한의 업적과 상소문들을 모아 책으로 펴내는 작업을 시작하였다. 기미년(정조 23년, 1799) 섣달에는 책을 거의 완성하여 세자(순조)에게 읽히며 혜경궁을 위로하였다. 경신년(1800) 4월에는 홍봉한의 문집에 직접 서문을 썼다.
혜경궁은 감격에 차서 말했다.

내가 손을 모아 감사히 여기며,

"오늘날에야 임금 아드님 둔 보람이 있고 구차하게 산 낮이 있습니다."

하고 칭송하였다.

세월을 이기리라

아들과 아우의 죽음

갑자년의 약속은 이루어지지 않았다. 갑자년이 되기 네 해 전인 경신년(1800) 6월, 여느 해처럼 어머니의 생신 축하연을 준비하던 정조가 갑자기 병이 나 재위 24년 만에 승하하고 만 것이다. 태산같이 믿던 아들의 죽음 앞에서 슬퍼하는 일만으로도 버거웠을 혜경궁은, 그러나 바람 앞의 등불 같은 위기에 놓인 친정집을 구하기 위해 정신을 바짝 차려야 했다. 친손자(순조)가 즉위하기는 했으나 열한 살 어린아이에 불과한지라 대비(정순왕후)가 수렴청정을 하게 되었다. 그러자 대비의 친정인 경주 김씨 가문에서 대비의 권세를 등에 업고 혜경궁 집안을 향해 묵은 원한을 풀기 시작했기 때문이다.

홍봉한의 문집은 채 한 권을 펴내지 못하고 노론 벽파 심환지 등의 상소로 인쇄가 정지되었다. 정조의 장례가 끝나자마자 '홍낙파(홍봉한의 서자), 홍서영(혜경궁의 막냇동생 홍낙윤의 아들) 등은 역적의 씨이므로 벼슬을 하면 안 된다'는 내용의 상소가 물밀듯 들이닥쳤다. 혜경궁은 분노했다.

"친손자가 역적의 씨라면 외손(정조)도 역적의 씨렷다. 서자나 손자가 역적의 씨이면 친딸(혜경궁)은 역적의 씨가 아니고 무엇이리오. 해도 해도 너무하는구나. 칠십 다 된 노인이 외아들을 앞세웠으면 동네 사람도 조문하고 위로하며 불쌍히 여길 텐데, 위로는커녕 집안을 박살 낼 작정인가."

혜경궁은 졸곡*을 지낸 후에 정조가 머물던 영춘헌에 가서 아들의 자취를 어루만지며 통곡한 뒤 자결을 시도했다. 주변에서 말리기도 했거니와, 혜경궁도 반드시 죽겠다는 마음보다는 정순왕후에게 친정을 살려 달라고 호소하는 마음이 컸다. 그러나 정순왕후는 냉혹했다.

"뒤에서 충동하는 놈이 있다. 그놈을 다스려라."

●   졸곡(卒哭): 삼우제(장례를 치른 후 사흘째 되는 날 지내는 제사) 뒤 3개월이 지난 후에 강일(剛日 : 양陽에 해당하는 날)을 택하여 거행한다.

정순왕후가 지목한 '그놈'은 혜경궁의 동생 홍낙임이었다.
정순왕후는 홍낙임을 천주교 신자라는 죄목으로 제주도로 귀
양 보냈다가 죽였다. 사도세자의 서자 은언군과 그 식솔도 천
주교 박해에 연루되어 죽었다.

'내가 궁중에 든 탓에 집안이 망했어. 나 때문에⋯⋯.'

혜경궁은 심한 자책으로 애간장이 녹아내렸다.

내가 칠십 늘그막에 아들을 잃고 밤낮으로 통곡하며 별안간
죽어 버리기만을 바라는 가운데 동생이 생판 한 가지 죄도 없
이 참혹한 화를 입었다. 그런데도 내가 번연히 눈 뜨고 살아
앉아 구하지 못하였으니 나처럼 독버섯 같은 사람이 다시 어디
있으리오.

가순궁이 문안하러 와서 눈물로 혜경궁을 위로했다.

"마마께서 슬퍼하시는 정경을 주상(순조)이 보고는 사람 없
는 곳에 가서 많이 우시더이다. 어리신 주상의 심정을 헤아리
소서. 주상을 믿으시고 기운을 차리소서."

혜경궁의 가슴속에서 희망의 불씨 하나가 빨갛게 피어올랐
다.

'그래. 아직 어리신 까닭에 비록 구하지는 못하셨으나, 내 동

생에게 죄가 없는 줄 아시는 게지. 선왕(정조)이 평소 외삼촌을 대우하시던 일도 생각하시고 또 내 마음이 어떨까 생각하신 게야. 그렇고말고. 주상이 누구신가? 내 친손자가 아니신가? 아무렴, 이제 삼사 년만 기다리면…….'

세월을 이기리라

혜경궁은 이를 악물었다. 아들은 죽었고 손자는 어렸다. 혜경궁은 다시금 세월의 장막 속으로 몸을 낮추었다. 그리고 손자가 어서어서 자라기를 기원하며 '피눈물로 쓴 글', 즉 '읍혈록'으로 읽어야 옳을 『한중록』을 썼다. '읍혈록'의 독자는 물론 어린 손자 순조였다.

"종이를 더 가져와라."

"마마, 밤이 늦었사옵니다. 이제 그만 쓰시고 침수 드시옵소서."

시중들던 나인이 고개를 조아리며 난색을 표했다.

"내 처지에 편안히 잠을 잘 수 있겠느냐? 쓰지 않으면 피를 토하고 죽고 말 것이기에 밤낮으로 쓰는 것이다. 너는 어이 내 심정을 모르느냐? 잔말 말고 종이를 더 가져와라."

"분부 받자옵겠나이다."

'죽는 건 쉽다. 죽을힘을 다해 사는 게 어렵지. 내 기필코 죽을힘을 다해 이승에서 친정 식구들 한을 풀어 주리라.'

혜경궁은 스스로 강다짐을 두며 먹물을 듬뿍 찍은 붓을 쳐들었다.

내 비록 망극하고 애통하여 하루라도 빨리 죽어 모르고 싶은 심정이나, 주상(순조)의 어질고 효성스러운 마음은 미래를 기약하고 계실 것이라. 또 내가 만일 슬픔을 이기지 못하고 스스로 목숨을 끊으면 나 죽기를 손꼽아 기다리는 흉악한 무리들의 마음에 맞춰 주는 꼴이 될 듯하여 참고 살았다.

그러나 원통하게 죽은 동생은 다시 살아날 길이 없고, 내 호흡은 나날이 쇠약해져 내일을 기약하지 못할 듯하다. 내가 이승에서, 죽은 동생의 원한이 풀리고 무죄함이 드러나는 것을 보지 못하고 죽으면 저승에 가서도 동생 볼 낯이 없고 혼백은 영원히 한이 맺혀 있을 것이다.

아아, 하늘아, 하늘아, 나를 살게 하여 두었다가 동생이 억울한 누명 씻는 것을 보고 죽게 하시라. 그날이 오기를 주야로 피눈물 흘리며 기도할 뿐이다.

예순일곱에 제 2편, 예순여덟에 제 3편을 쓰고도 할 말이 무궁했던 혜경궁은 정순왕후가 승하한 다음 해인 일흔한 살 때 제 4편을 또 썼다. 제 4편은 가순궁의 요청으로 임오화변의 진상을 밝히는 데 초점을 맞추었다.

바깥사람들이 임오화변을 두고 이러니저러니 하는 것은 모두 허무맹랑하니, 이 기록을 보면 사건의 처음과 끝을 분명히 알게 될 것이다. 영묘께서 처음에는 비록 경모궁을 더할 수 없이 사랑하셨으나, 나중에는 자애를 주지 않으셨다. 경모궁께서도 천품과 본성이 어질고 거룩하셨으나, 병환이 만만 망극하여 종사가 위태로운 절박한 때를 당하셨다. 나와 선왕(정조)은 경모궁의 아내와 아들로서 그 망극한 변을 당하고도 죽지 않고 목숨을 보전했다. 나는 애통도 나 자신의 애통이요, 의리도 나 자신의 의리라는 생각으로 오늘날까지 살아온바, 이 한마디를 주상(순조)께 자세히 전하고자 한다.

대저 이 일로 영묘를 원망하여 경모궁께 병환이 없었고 신하들이 죄인이라 한다면 비단 임오화변의 진상을 잃을 뿐 아니라 삼조(영조, 경모궁, 정조)에 다 망극한 일이니, 이것만 바로잡으면 이 의리를 분간하기가 무엇이 어려우리오.

내가 임술년(순조 2년, 1802) 봄에 임오화변에 대해 초고를 써 두고는 미처 보이지 못하였는데, 요즘 가순궁이 '자손이 알게끔 하는 것이 옳으니 써내라' 청하기에 비로소 마지못해 써서 주상께 보인다. 내 온 정신을 이 기록에 쏟아부었다. 쓰다 보니 새로이 마음이 무너지고 간과 폐가 찢어지는 듯하여 한 자 한 자 쓸 때마다 눈물로 글을 이루지 못하였다. 세상에 나 같은 사람이 어디 또 있을까. 원통하고 억울하다.

혜경궁이 며느리 가순궁을 불러 그간 쓴 글월을 내밀었다.

"내가 죽을 날이 얼마 남지 않은 나이에 이것을 다 써냈구려. 내가 생각해도 나란 사람, 어찌 이리도 흉악하고 모질고 독한지……."

"소인이 괜스레 글을 써내라 청을 올렸나 보옵니다. 주상이 어릴 때부터 이 일을 알고 싶어 하시기에……. 송구하옵니다, 마마."

말은 그렇게 하면서도 가순궁은 혜경궁의 얼굴에 모처럼 감도는 평화로운 기운을 눈치챘다.

"아니오. 내가 아니면 누가 감히 이 일에 대하여 말할 것이며 누군들 이 사실을 자세히 알 수 있겠소? 영묘께서는 모년(임오년)에 관한 기록을 모두 없애 버리시고 누구도 이 일에 대해 발설하지 말라는 엄명을 내리셨고, 선왕(정조)은 당신의 슬픔에

눌려 진실과 거짓을 분별하지 않으셨소. 내 글을 보면 그때 일의 시작과 끝을 분명히 알게 될 것이오. 내가 두 분 부자 사이에 있었던 일을 털끝만큼이라도 잘못 말했으면 천벌을 면치 못할 테지만, 차마 쓰지 못할 대목은 많이 뺐고 지루한 곳은 다 들춰 내지 않았소."

"예……."

글월을 들고 물러나야 하나, 그 자리에서 읽어야 하나, 잠시 망설이던 가순궁이 앉은 채로 글월을 펼쳤다.

혜경궁은 임오화변의 본질을, 너무 엄격한 아버지와 그 때문에 마음의 병을 얻은 아들 사이에 일어난 운명적 충돌이라 보았다. 아버지는 아버지대로 아들을 조금 덜 꾸중하려 해도 누가 시키는 듯이 자꾸만 꾸중하게 되고 아들은 아들대로 다른 데서는 멀쩡히 잘하다가도 아버지가 지켜보기만 하면 실수를 되풀이하게 된 것은, 모두 하늘이 두 사람을 그리 만들어 놓았기 때문이라는 얘기다. 경모궁의 병도 어쩔 수 없는 것이었고, 영조의 처분도 어쩔 수 없는 것이었으며, 뒤주는 영조 스스로 생각한 것이었다.

따라서 이 사건과 관련하여 혜경궁의 친정집은 안팎으로 엄청난 고역을 치렀을 뿐 어떤 잘못도 저지르지 않았다. 홍봉한은 절대로, 절대로, 그 일물이란 것을 바치지 않았다…… 숙부 홍인한에게는 절대로 역심이 없었다…… 아우 홍낙임은 절대로 죄가 없다…….

가순궁은, 한 글자 한 글자 피눈물로 써 내려간 혜경궁의 글에 깊은 감동을 받았다.

"사무치는 슬픔은 슬픔대로 간직하고 종사를 길이 지탱한 의리는 의리대로 받들어야 한다는 말씀, 뼈마디에 아로새기겠사옵니다. 주상께서도 반드시 그러하실 것이옵니다."

혜경궁의 얼굴에 비로소 만족스러운 미소가 떠올랐다.

혜경궁이 쓴 피눈물의 기록은 손자를 비롯한 후손들에게 크게 영향을 미쳤을 뿐만 아니라 혜경궁 자신의 가슴에 맺힌 상처를 적잖이 치유하기도 했다. 아들이 죽고 동생까지 죽었을 때만 해도 금세 끊어지고 말 실오라기 같던 혜경궁의 삶은 한중록 '들'을 다 쓴 뒤에도 십여 년 더 이어졌다. 혜경궁의 간절한 바람대로 장성한 순조는 홍씨 집안의 인물들을 거의 복권시켜 주었다. 1807년에는 홍낙임의 관직과 작위를 복권시켰고 1808년에는 홍봉한에게 임오화변과 관련하여 아무 죄가 없음을 분명히 선포했다. 1812년에는 홍봉한의 사당을 지었고, 1815년에는 정조가 서문을 썼으나 채 한 권도 인쇄하지 못했던 홍봉한의 문집을 마침내 간행하였다.

꿈에도 소원하던 아버지의 문집을 어루만지며 혜경궁이 순

조를 치하했다.

"고맙구려. 참으로 고맙구려, 주상. 이제야 이 할미가 편안히 눈을 감을 수 있겠소이다."

그해 12월 15일, 여든한 살의 나이로 창경궁 경춘전에서 눈을 감은 혜경궁의 얼굴은 달빛에 씻긴 박꽃처럼 구슬프고도 해맑았다.

2부

기록하는 사람이
이긴다

누구의 말을 믿어야 할까?

응답하라, 1762

임오화변은 조선 시대에 일어난 가장 극적인 사건으로 손꼽힌다. 왕조 시대, 임금이 다음 임금이 될 아들을 뒤주에 가두어 죽이다니? 이 끔찍하고 해괴한 사건을 가장 생생하고 구체적으로 증언한 기록이 바로 『한중록』이다. 그러나 가장 생생하고 구체적이라고 해서 이것만이 유일무이한 진실일까? 그렇지는 않다. 한 사람의 기록만 봐서는 사건의 실체를 알기 어렵다. 그 사람이 아주 신뢰할 만한 기록자라 하더라도 우리는 '기록자가 어떤 입장에서 어떤 시각으로 바라보며 누구의 이익을 생각하는지' 염두에 두어야 한다. 다른 관계자 혹은 제삼자의 기록도 되도록 많이 살펴봐야 한다.

'사실'만 추리면 사건은 그다지 복잡하지 않다. 1762년 윤5월 13일, 임금이 몸소 세자를 뒤주에 가두었고, 여드레 만에 세자가 죽었다.

그런데 왜? 임금이 자기 외아들을 왜 죽였을까? 이 '왜'가 문제다.

왜?

『한중록』에서 혜경궁 홍씨는 이렇게 응답한다.

'세자가 미쳤기 때문이다. 망극하게도 세자에게는 부왕의 사랑을 받지 못해 생긴 극심한 정신병이 있었다. 병은 죄가 아니므로 세자는 죄인이 아니고 세손도 죄인의 아들이 아니다. 임금은 종사를 보존하기 위해 진실로 어쩔 수 없이 그런 처분을 내렸고, 풍산 홍씨 집안은 절대로 그 일에 관여하지 않았다.'

일부 역사학자들은 이렇게 응답한다.

'세자가 소론 편을 들었기 때문이다. 서슬 퍼런 노론의 나라에서 감히 소론을 비호한 죄였다. 세자는 극심했던 당쟁의 희생양이었고, 『한중록』은 뼛속 깊이 노론인 혜경궁 홍씨가 친정을 변호하고자 쓴 거짓투성이 소설이다. 세자의 아들이자 성군으로 일컬어지는 정조가 아버지에 대해 쓴 『현륭원 행장』*을 읽어 보아라. 사도세자가 얼마나 훌륭한 자질과 인품을 지녔는지, 얼마나 억울하게 죽었는지 알 수 있을 것이다.'

내 아버님은 억울하게 돌아가셨다!

『현륭원 행장』만 읽으면, 사도세자는 분명 덕과 멋을 갖춘 비범한 성군의 재목이었다. 글의 대부분은, 사도세자가 어릴 때부터 장성한 이후까지 어디서 어떻게 성군의 자질과 행적을 보여 주었는지 나열하는 데 할애되었다. 사도세자는 너무 무거워서 아무도 들지 못하던, 효종이 쓰던 청룡도와 철퇴를 능히 사용했으며, 활쏘기에도 능하였고, 억센 말들을 잘 길들였다. 장수들이 무기에 익숙하지 못한 것을 걱정하여『무기신식(武技新式)』이라는 병서를 엮어서 훈련도감에 하사하기도 했다. 목숨을 귀히 여겨 왕명으로 삼복˙을 실시할 때 되도록 사형을 피하고 온전하게 살려 준 자가 많았다. 밤에 관리들을 불러 밤늦

● 　『현륭원 행장(顯隆園行狀)』: 현륭원은 정조가 화성에 새로 조성한 사도세자의 무덤이고, 행장은 사람이 죽은 뒤에 그 사람의 일생을 기록한 글이다.『현륭원 행장』은 정조가 아버지를 그리며 쓴, 아버지의 일생을 담은 글이다.
● 　삼복(三覆): 죽을죄에 해당하는 죄인을 세 번 심리하던 일.

도록 강론하다가 귤을 내려 주면서 쟁반 속에 시(詩)를 숨겨 두어 관리들이 즉석에서 화답한 일도 있었다.

정조가 없는 얘기를 지어내지는 않았을지 모른다. 그러나 사도세자에게 불리한 부분을 의도적으로 쓰지 않았다는 점에 독자는 유의해야 한다. 예를 들어 정조는 사도세자가 아버지 영조, 계모 정순왕후와도 아주 잘 지냈다고 말한다.

"소조가 중전(정순왕후) 섬기기를 꼭 정성왕후 섬기듯 하여 궁중에서 모두 그 독실한 효성에 감탄했고, 영조께서도 원량(세자)이 중전 섬기는 것을 보니 참으로 흠잡을 데가 없다고 감탄했으며, 그래서 중전도 소조를 극진히 사랑하였다."

세 사람의 관계가 이렇듯 화기애애했던 날도 더러 있었을 것이다. 그것이 비록 일 년 중 단 며칠에 불과했다 하더라도.

사실 정순왕후 집안은 사도세자를 노골적으로 배척한 '벽파'의 핵심 세력이었고 영조는 결국 아들을 죽이기까지 했다. 『현륭원 행장』만 읽으면, 임오화변이라는 재앙이 오직 나경언이라는 간 큰 거짓말쟁이의 고변으로 하루아침에 생겨난 비극 같다. 과연 그러할까?

정조는 영조에게 간하여 임오화변 전후의 『승정원일기』를 모두 삭제할 정도로 진실의 맨얼굴이 드러날 것을 두려워했다. 『현륭원 행장』에서도 임오화변의 내막을 다룬 부분은 두루뭉

술하게 넘어가 버린다. 그리고 세자를 보호하려 애쓴 신하들의 영웅적 행위를 열거하는 것으로 정조 자신의 입장을 간접적으로 드러낸다.

다음은 사도세자의 죽음 앞뒤를 기록한 『현륭원 행장』의 일부다.

판의금부사 한익모 등이 누차 청했다.

"나경언이 흉측한 말을 지어내어 임금을 무함하고 동궁을 핍박하니 그 죄는 죽어 마땅하오이다. 엄히 국문하여 법을 바로 잡아야 하옵니다."

그제야 임금께서 비로소 형을 가하도록 명했다. 사서 임성이 흥분한 상태로 한익모에게 일렀다.

"어떻게 나경언이 저 스스로 그 흉측한 말을 만들어 냈겠는가?"

이에 한익모가 나경언을 사주한 자가 누구인지 빨리 밝혀낼 것을 청했다가 임금의 노여움을 사서 파직당했다. 대사간 이심원이 한익모를 구제하려다가 역시 파직당했다.

그 뒤에 나경언이 결국 동궁을 무함했다고 자복하여 여러 신하가 이구동성으로 나경언을 극형에 처하라고 청하였다. 동지의금부사 이이장이 앞에 나가 강력히 주장했다.

"일반 사람을 무함해도 큰 죄이거늘, 하물며 세자 저하를 무함한 것이 어찌 역률*에 해당하지 않겠사옵니까? 그 흉측한 말들은 다 거짓말이 되었고, 지금 죄인이 사실을 다 털어놓았으니 같은 하늘 아래에서 그 역적과 함께 살 수는 없는 일이옵니다."

임금이 거듭 책망했으나 이이장은 조금도 꺾이지 않고 더욱 더 곧은 말만 했다.

그때 소조는 걸어서 대궐 문 밖으로 가서 일이 되어 가는 형편을 보고 있다가 임금이 들어오라고 하자, 드디어 뜰에 엎드려 웃옷이 다 젖도록 눈물만 흘리는 바람에 신하들이 감히 바라볼 수 없을 정도였다. 날이 거의 샐 무렵, 정휘량이 비로소 급히 뵙기를 청하여 임금께 아뢰었다.

"죄인이 이미 동궁을 무함했다고 자기 죄를 자복하였으니 단 하루도 살려 둘 수 없는 일이옵니다."

이에 임금께서 나경언에게 형을 집행하도록 명했고, 소조는 그 이튿날 아침에야 비로소 환궁하여 여러 신하들에게 울면서 말했다.

"아버님의 사랑 때문에 위기를 면했소."

• 역률(逆律): 역적을 처벌하는 법률.

그러나 윤5월 21일, 결국 서거하고 말았다.

기록에 따르면, "윤5월 13일에 검열 윤숙이 뜰에 내려가 이마를 찧어 얼굴이 피투성이가 되었고 호위망을 뚫고 나가 의관을 불러 약을 가져다 올리도록 했다." 그때 대신들은 편전 앞 문밖에 있으면서 들어가지를 못했는데, 윤숙이 위사*들을 물리치고 몸을 빼 뛰어나와서 대신들 손을 잡고 함께 들어가서는 신만 등을 책망하며 말했다.

"이렇게 위급한 때에 대신들이 궁전의 섬돌에다 머리를 부수면서라도 죽기를 작정하고 간하지 않는다면 대신을 어디에다 쓸 것인가!"

역적 구선복, 홍인한 등이 각기 흉측한 꾀를 부리는 바람에 윤숙이 결국 흑산도로 귀양을 갔지만, 임금께서 "그래도 그는 아까운 사람"이라고 했다. 한림 임덕제가 소조를 따라 뜰에 엎드려서 곁을 떠나지 않으니, 주상께서 내쫓도록 명했다. 그러나 임덕제는 땅을 짚고서 일어나지 않았고 위사들이 끌어내려고 하자, 꾸짖으며 말했다.

"내 손은 사필*을 잡는 손이다. 이 손을 끊을지언정 나를 끌어낼 수는 없다."

● 　위사(衛士): 대궐, 능, 관아, 군영 따위를 지키던 장교.
● 　사필(史筆): 역사를 기록하는 붓.

그는 결국 정의로 귀양 갔다. 윤숙과 임덕제는 곧 방면되었고 그 후 임덕제는 다시 기용되었다.

그 밖에도 궁관 임성, 권정침 등은 죽기를 작정하고 나가지 않았고, 분주서 이광현도 뛰쳐나가서 의관을 데리고 들어왔으며, 도승지 이이장은 머리를 조아리고 울면서 죽기를 작정하고 맞섰으므로 임금께서 노하여 군문에 효수시키라고 명하였다. 그는 나갔다가 다시 문을 박차고 들어와서 땅에 엎드려 통곡했고, 임금께서 전교를 쓰라고 하자 울면서 말하기를, "신이 죽으면 죽었지 그 명령을 들을 수는 없습니다"라고 하면서 금오문* 밖으로 달려 나가 명을 기다렸고 패초*에도 끝내 응하지 않았다.

차마 듣지 못할, 감히 쓸 수 없는

이제 혜경궁이나 정조처럼 사건의 당사자가 아닌 제삼자의 기록을 살펴볼 차례다.

조선 시대 연구의 기본 사료이자 유네스코 세계기록유산인

- 금오문(金吾門): 의금부의 정문.
- 패초(牌招): 임금이 승지를 시켜 신하를 부름.

『조선왕조실록』은 왕의 사후에 춘추관 실록청에서 작성하는 대표적인 정사(正史)다. 『승정원일기』를 기본으로 삼아 다양한 자료를 참고하였고 삼단계의 수정·첨삭 과정을 거쳐 완성하였다. 『영조실록』 또한 당연히 영조가 죽고 정조가 즉위한 1776년에 작성되기 시작했다. 정조가 임명한 사관들이니만큼 정조의 눈치를 어느 정도 보기는 했을 것이나, 실록 자체는 정조조차 열람할 수 없었으므로 신뢰성과 객관성이 상대적으로 높다.

다음은 『영조실록』 임오년 윤5월 13일자 기사다.

임금이 창덕궁에 나아가 세자를 폐하여 서인으로 삼고, 안에다 엄히 가두었다.

효장세자 사후에 임금에게 오랫동안 후사가 없다가, 마침내 세자가 탄생하였다. 하늘이 내린 자질이 탁월하여 임금이 매우 사랑하였는데, 십여 세를 넘기며 점차 학문에 태만하게 되었고, 대리청정을 시작한 다음부터 질병이 생겨 천성을 잃었다. 처음에는 대단치 않았기에 신민들이 낫기를 바랐다. 정축년·무인년 이후부터 병의 증세가 한층 심해져서 병이 발작하면 궁중의 계집종과 내시를 죽이고, 정신이 들면 문득 후회하곤 하였다. 임금이 매양 엄한 하교로 절실하게 꾸짖으니, 세자가 의구심에 병이 더 심해졌다. 임금이 경희궁으로 이어하자 두 궁

사이에 소통이 더욱 막히고, 또 내시·기녀와 어울려 절도 없이 유희하면서 하루 세 차례의 문안을 모두 폐하였으니, 임금의 뜻에 맞지 않았다. 그러나 다른 후사가 없었으므로 임금이 항상 근심하였다.

나경언이 고변한 후에 임금이 세자를 폐하기로 결심은 하고서도 차마 말을 꺼내지 못하였는데, 갑자기 궐 안에서 유언비어가 일어나 임금이 크게 놀랐다. 이에 창덕궁에 나아가 숙종의 위패를 모신 선원전에 전배(展拜)하고, 이어서 동궁의 대명을 풀어 주고 동행하여 정성왕후의 위패를 모신 휘녕전에 예를 행하도록 하였으나 세자가 병을 일컬으며 가지 않으니, 임금이 도승지 조영진을 특파하여 세자를 재촉하였다. 임금이 이어서 휘녕전으로 향하여 동궁을 지나면서 차비관을 시켜 자세히 살폈으나 보이는 바가 없었다. 세자가 집영문 밖에서 임금의 거둥을 맞이하고 임금이 탄 가마를 따라 휘녕전으로 나아갔다. 임금이 행례를 마치고, 세자가 뜰 가운데서 네 번 절하는 예를 마치자, 임금이 갑자기 손뼉을 치면서 하교하였다.

"여러 신하들도 영혼의 말을 들었는가? 정성왕후가 나에게 간곡히 이르기를, '변란이 숨 한 번 쉴 사이에 일어날 참'이라 하였다."

그리고 협련군에게 명하여 휘녕전 문을 네다섯 겹으로 굳게 막도록 하고, 총관 등으로 하여금 줄을 맞추어 서서 궁의 담 쪽을 향하여 칼을 뽑아 들게 하였다. 궁성 문을 막고 뿔로 만든 나팔을 불어 군사를 모아 호위하고 사람의 출입을 일절 금하였기 때문에, 영의정 신만만이 홀로 들어왔다.

임금이 세자에게 명하여 땅에 엎드려 관을 벗게 하고, 맨발로 머리를 땅에 조아리게 하고 차마 들을 수 없는 전교를 내려 자결할 것을 재촉하니, 세자가 조아린 이마에서 피가 나왔다. 이어 영의정 신만과 좌의정 홍봉한, 판부사 정휘량, 도승지 이이장, 승지 한광조 등이 들어왔으나, 감히 말씀을 올리지 못하였다. 임금이 세 대신 및 한광조 네 사람의 파직을 명하니, 모두 물러갔다.

세손이 들어와 관과 포를 벗고 세자의 뒤에 엎드리니, 임금이 안아다가 시강원으로 보내고 김성응 부자(父子)에게 세손이 다시는 들어오지 못하게끔 지키라 명하였다.

임금이 칼을 들고 연달아 차마 듣지 못할 전교를 내려 동궁의 자결을 재촉하니, 세자가 자결하고자 하였는데 시강원의 여러 신하들이 말렸다.

"오늘부로 세자를 폐하여 서인으로 삼는다."

임금이 명을 내렸을 때, 신만, 홍봉한, 정휘량이 다시 들어왔으나 감히 간하지 못하였고, 여러 신하들 역시 감히 간쟁하지 못했다.

　임금이 시위하는 군병을 시켜 시강원의 여러 신하들을 내쫓게 하였는데, 한림 임덕제만이 굳게 엎드려서 떠나지 않으니, 임금이 엄히 꾸짖었다.

　"세자를 폐하였는데, 어찌 사관이 있겠는가? 무엇들 하느냐? 저자를 끌어내라."

　군병들이 임덕제를 끌어내자, 세자가 임덕제의 옷자락을 붙잡고 곡하면서 따라 나오며 말했다.

　"너도 나가 버리면 나는 장차 누구를 의지하란 말이냐?"

　세자가 휘녕전 문을 나와 시강원의 여러 관원들에게 어떻게 해야 좋을지 물었다. 사서 임성이 말했다.

　"마땅히 다시 휘녕전 뜰로 돌아가 처분을 기다리는 수밖에 없사옵니다."

　이에 세자가 곡하면서 돌아가 땅에 엎드려 앞으로는 잘못을 고치고 착한 사람이 되겠다고 애걸하였다.

　임금의 전교는 더욱 엄해지고 영빈이 고한 바를 대략 진술하였는데, 영빈은 바로 세자의 생모 이씨로서 임금에게 밀고한 자였다. 도승지 이이장이 말했다.

　"전하께서는 어찌하여 깊은 궁궐에 있는 한 여자의 말을 들으시고 국본을 흔들려 하십니까?"

그 말에 임금이 진노하여 빨리 나라의 형률을 바루라고 명하였다가 곧 그 명을 중지하였다.

마침내 세자를 깊이 가두라고 명하였는데, 세손이 황급히 들어왔다. 임금이 빈궁과 세손, 여러 왕손을 좌의정 홍봉한의 집으로 보내라고 명하였다. 밤이 이미 반이 지난 시각이었다.

임금이 전교를 내려 중외에 반시˙하였는데, 전교는 사관이 꺼려하여 감히 쓰지 못하였다.

윗글을 보면, 임금이 세자를 '깊이 가두라' 하고 명하였다는데, '어디에'가 나오지 않는다. 어디에? 답은 물론 뒤주다. 뒤주는 임오화변 이후 공식적으로는 누구도 쓸 수 없는 말이 되었다. 『한중록』에서는 뒤주를 '일물(一物)', 곧 '한 물건'이라 부른다.

그리고 '차마 들을 수 없는 전교'라는 말도 나오는데, 사관조차 꺼려하여 감히 쓰지 못한 전교의 내용은 무엇일까? 이렇듯 실록마저 숨기거나 누락하거나 에둘러 말하는 경우가 적지 않기에 현명한 독자라면 행간의 의미를 파악해야 한다.

영조의 전교는 『한중록』에서 선희궁이 영조에게 "옥체를 보

˙　반시(頒示): 법령 따위를 세상에 널리 알림.

호하고 세손을 건져 종사를 평안히 하는 일이 옳으니 대처분을 하시라"라고 권하는 장면과 연결된다. 『대천록』*, 『현고기』* 같은 개인 문집에 남아 있는 폐세자반교(廢世子頒敎)*에는 선희궁의 고변 내용이 좀 더 상세하게 기술되어 있다.

세자가 내관, 내인, 하인을 죽인 것이 거의 백여 명이오며, 그들에게 불로 지지는 형벌을 가하는 등 차마 볼 수 없는 일은 이루 말로 다할 수 없습니다. (중략) 지난번 제가 창덕궁에 갔을 때 몇 번이나 저를 죽이려고 했는데 겨우 제 몸의 화는 면했습니다만, 지금 비록 제 몸이야 돌아보지 않더라도 우러러 임금의 옥체를 생각하오면 어찌 감히 이 사실을 아뢰지 않겠습니까? 이 때문에 지난번 임금께서 출입하시는 문밖 한데에서 기우제를 올릴 때 제가 마음속으로 '임금이 무사하게 된다면 사흘 안에 비를 내려 주시고, 패악한 아들이 뜻을 얻는다면 비를 내리지 마소서' 하고 축원하였습니다. 그런데 비가 내리기에 제가 하늘의 뜻을 알고 마음을 어느 정도 정하였습니다. 지

- 　『대천록(待闡錄)』: 조선 후기 문신 박하원이 임오화변을 중심으로 기록한 책.
- 　『현고기(玄皐記)』: 조선 후기 문신 박종겸이 임오화변의 전말과 사도세자의 추존, 시파·벽파의 대립 등에 관하여 기술한 책.
- 　반교(頒敎): 백성들에게 널리 알림. '폐세자반교'는 영조가 아들의 세자 지위를 박탈하는 이유와 명분을 설명한 문건.

금 임금께서 급박한 위험에 처해 있는데, 어찌 감히 제가 사사로운 모자의 정에 이끌려 사실을 아뢰지 않겠습니까?

여기서 우리는, 사관들이 차마 듣지 못하고 감히 쓰지 못한 영조의 전교가 영조의 생사와 직결된 문제, 즉 사도세자가 영조를 죽이려 시도한 일을 담고 있으리라 짐작할 수 있다. 그것은 용서할 수 없는 패륜이자 반역이었다.

완벽한 군주가 되고자 했던 정조의 입장에서, 아버지 사도세자의 패륜과 반역죄는 결단코 숨겨야 할 문제였다. 정조의 논리대로 세자가 정말 훌륭했는데 끔찍하게 죽었다고 치면, 그 죽음을 방조한 사람들은 무거운 책임을 져야 했다. 외가도 마찬가지였다. 정조는 자기 목적을 이루기 위하여 외가가 입을 타격을 어느 정도까지는 감수할 수 있다는 입장이었다.

혜경궁은 그런 정조와 입장이 달랐다. 아들을 역적의 자식으로 만들고 싶지도 않았지만, 몰락의 위기에 처한 친정집도 구해야 했다. 아들이 살아 있을 때에야 아들의 위신도 생각하고 '갑자년에 외가의 명예를 회복시켜 주겠다'는 약속도 받고 하여 참고 또 참았지만, 아들이 죽고 정순왕후가 수렴청정을 하게 되자, 더는 물러설 수 없었다. 혜경궁이 집중적으로 증언하는 부분은 사도세자의 병이다. 세자가 칼을 품고 부왕을 죽이러 간 행동도 병이 극심해져 본정신이 아닌 상태에서 한 행동이었고, 그 후에 궁중에 퍼진 소문은 과장이 심하여 유언비어에 가까웠다는 얘기다. 어찌 되었건 병에 책임을 물어야만 아들에게 역적의 자식이라는 굴레를 씌우지 않을 수 있다는 혜경궁 나름의 계산이었다.

이런 맥락에서, 『한중록』을 오랫동안 연구해온 국문학자 정병설 교수는 사도세자 반역설을 제기한다. 사도세자가 미치기만 했으면 세자 자리를 지키지는 못했을지언정 그런 식으로 죽임을 당하지는 않았을 터인데, 세자가 감히 부왕을 살해하려 했기 때문에 생모가 고변을 했고 임오화변이 일어났다는 가설이다. 정병설 교수는 『한중록』이 혜경궁의 정치적 이해를 반영한 기록으로서 객관적 한계를 지니고 있다는 점을 인정하면서도 다른 자료들과 비교, 연구해 본 결과 『한중록』이 개인의 기록으로서는 놀라울 정도로 사실 관계가 정확하다는 점을 지적한다. 『한중록』이 두말할 나위 없는 문학적 가치와 아울러 사료로서도 매우 소중한 가치가 있음을 분명히 밝힌 것이다.

혜경궁 홍씨, 어떻게 볼 것인가?

아이 때부터 이름이 '혜경궁'?

조선 시대에는 사람의 본명을 함부로 부르지 않았다. 높은 신분의 사람일수록 그 금기는 한결 강했다. 그래서 아호, 당호, 택호, 시호를 비롯한 여러 가지 호, 자, 벼슬, 거처, 혼령을 모신 사당의 이름 등으로 사람을 지칭했는데, 『한중록』의 등장인물들도 지은이의 시중을 드는 아랫사람들을 제외하고는 거의 대조(영조), 경모궁(사도세자), 선희궁(영빈 이씨), 가순궁(수빈 박씨) 등으로 표기되어 있다.

'혜경궁'은 정조 임금의 어머니 '혜경(惠慶)'이 사는 궁궐의 이름이면서 동시에 궁궐 주인 홍씨를 가리키는 호칭이다. 혜경은 손자인 순조 임금 때 '헌경'이라는 시호를 받았고, 고종 때 '헌경왕후'로 추존되었다가 대한제국으로 국호가 바뀐 다음에는 '헌경의황후'로 승격되었다. 남편 사도세자가 살아 있을 때는 그저 '빈궁'으로 불렸으며, 혼인 전에는 우리가 모르는 어떤 아명으로 불렸다. 조선 시대에 여성의 이름은 족보에 기록되지 않았기에, 특별한 여성 몇몇을 빼고는 후세에 본명을 남기지 못했다. 따라서 우리는 이 여인의 본명을 모른다. 그저 가장 널리 알려진 궁호인 혜경궁으로 부르자고 약속할 따름이다.

혜경궁과 홍봉한은 냉혹한 정치꾼인가?

세상에 딸을 사랑하는 아버지도 많고 아버지를 사랑하는 딸도 많지만, 홍봉한과 혜경궁처럼 각별한 부녀지간은 드물 것이다. 두 사람은 배우자에게도 말하지 못할 근심을 나누는 사이였고 서로를 한없이 자랑스러워했으며 끝없이 애달파했다. 기실 『한중록』은 갈피갈피마다 부친에 대한 혜경궁의 무궁한 감사와 연민을 담고 있다. 영조-사도세자의 부자 관계와 너무나 선명히 대별되는 이 부녀 관계에 주목해 보자. 혜경궁은 아버지에 대해 이렇게 말한다.

"어느 누가 부모의 자애를 입지 않을까마는 나 같은 사람은 없을 것이다. 내 일찍이 부모를 떠나 있다가 중도에 모친을 여의었을 때, 아버님은 어머님의 사랑을 겸하여 한시도 나를 잊지 못하시고 털끝만 한 일이라도 내 뜻을 어길까 염려하셨다."

역사학자 중에는 고립무원의 세자를 적극적으로 보호하지 않았다는 이유로 홍봉한 부녀를 피도 눈물도 없는 냉혹한 정치꾼으로 몰아붙이는 사람도 있지만, 근래에 발굴된 여러 가지 사료를 참고할 때 이 부녀 역시 세자의 병이 깊어져 완전히 가망 없어지기 전까지는 세자를 위해 밤낮으로 노심초사했음을 알 수 있다. 이를테면 야마구치 현립 도서관에서 발견된 사도세자의 편지를 보자. 이 편지는 원래 홍봉한 집안에서 대대로 전해져 왔는데, 초대 조선 총독 데라우치 마사타케가 일본으로 가져가 제 고향 도서관에 기증한 것이다. 편지에는 부왕에게서 사랑받지 못하고 부당한 대접을 받는 데서 오는 울분, 나을 기약이 없는 병으로 인한 고통이 구구절절 적혀 있다. 그리고 장인에게 답답증과 울증을 치료하는 약을 보내 달라고 하는가 하면, 서적과 지도를 구해 달라고 하는 내용도 있어서, 이들의 관계가 나중에는 불가불 나빠졌을지라도, 오랫동안 깊이 신뢰하는 사이였음을 보여 준다.

기실 노론이라고 다 같은 노론이 아니었다. 그들 사이에도 상당한 입장 차이가 있었다. 정순왕후의 친정아버지 김한구, 그 아들 김귀주, 사촌 김한록, 김한록의 아들 김관주 등은 또 다른 외척인 홍봉한과 그를 지지하는 부홍파(扶洪派)를 끊임없이 공격하였다. 노론 강경파 김상로, 홍계희, 윤급 등이 김한구 집안의 편을 들었는데, 홍봉한을 공격한다 하여 이들을 공홍파(攻洪派)라 불렀다. 세자의 비행은 공홍파가 부홍파를 공격하는 큰 빌미가 되었다. 부홍파는 세자를 상대로 어떤 결단을 내려야만 할 상황으로 내몰렸다.

홍봉한이 뇌물을 뿌려 가며 세자에 관한 소문을 진화하는 데도 한계가 있었다. 원래도 화병이 쌓이면 닭을 비롯한 짐승을 죽이고 주변 사람들을 마구 때리는 증세가 있던 세자는, 정성왕후와 인원왕후의 장례를 치른 정축년(1757) 여름에 영조에게 심한 꾸중을 연거푸 듣고는 사람까지 죽이기 시작했다. 당번 내관의 머리를 베어 와서 보여 주는 세자, 기절할 듯 놀라 어쩔 줄 모르는 혜경궁과 나인들의 모습을 상상해 보자. 혜경궁은 이때 사람 머리 벤 것을 처음 보았다고 한다. 세자의 병세가 날로 악화되어 더는 어찌해도 수습할 수 없는 지경에 이르면서 혜경궁 부녀는 붙들고 우는 일이 많았다. 울다 지치면 부녀가 머리를 맞대고 '세자를 포기하더라도 세손만은 지킬 수 있는 방도'를 찾았을 것이다.

인권 개념이 오늘날과는 많이 달랐던 왕조 시대, 세자가 아랫사람을 죽인 일은 큰 문제가 아닐 수 있었다. 그러나 '효'를 절대적 가치로 숭상하던 국가에서 모범을 보여도 시원치 않을 세자가 부모를 죽이려 한 일은 소문만으로도 치명적이었다.

마침내 생모마저 포기한 세자. 그 세자를, 아내와 장인이 포기했다고 해서 과연 냉혹한 정치꾼이란 비난을 들어야 마땅할까.

삼종의 혈맥이란?

부왕과 수많은 갈등을 겪었는데도 세자가 폐위되지 않았던 까닭은 무엇일까? 답은 삼종(三宗)의 혈맥.

세자는 유일무이한 삼종의 혈맥이었다. 효종에게서 외아들 현종에게로 이어진 왕통은 현종의 외아들 숙종에게로 넘어갔다. 삼종이란 효종, 현종, 숙종, 이 세 임금을 가리키는 말이니, 삼종의 혈맥은 당연히 이 세 임금의 핏줄을 의미한다.

숙종에게는 아들이 둘 있었다. 희빈 장씨가 낳은 큰아들과 숙빈 최씨가 낳은 작은아들. 희빈 장씨의 아들로 숙종의 뒤를 이은 경종은 아들은 물론 딸도 하나 얻지 못했다. 노론 강경파 대신들은, 갓 즉위한 상중(喪中)의 경종에게 '삼종의 혈맥'이 끊기게 생겼다며 하루빨리 숙빈 최씨의 아들 연잉군을 세제(世弟)로 책봉하라고 들볶았다. 연잉군은 그들에게 '택군'*의 카드였다. 그들은 노론에 호의적이던 숙종비 인원왕후를 끌어들였다. 역시 상복 입은 인원왕후가 경종에게 따로 편지를 보냈다. 『경종실록』을 보자.

봉투 안에는 종이 두 장이 들었는데, 한 장에는 해서로 '연잉군'이란 세 글자가 쓰여 있었고 한 장은 한글 교서였다. 교서에서 이르기를,

"효종대왕의 혈맥과 선대 왕(숙종)의 골육으로 다만 주상과 연잉군이 있을 뿐이니, 어찌 딴 뜻이 있겠소? 나의 뜻은 이러하니 대신들에게도 이와 같이 하교하심이 옳을 것이오."

하였다. 여러 신하들이 모두 읽어 보고는 울었다.

이어 청나라에 왕세제 책봉을 승인 받으러 간 좌의정 이건명은 비정상적인 '세제' 책봉의 명분으로 "경종이 양기가 없어 여

* 택군(擇君): 임금을 선택함.

자를 가까이하지 못하는 병이 있다"라고까지 발설하였다. 당연히 소론 계열의 분노는 하늘을 찔렀다. 다급해진 노론은 세제의 대리청정까지 요구하는 무리수를 두었고, 정해진 수순처럼 소론 강경파의 대반격을 받았다. 세제 책봉과 대리청정을 주도한 김창집, 이이명, 이건명, 조태채 등 노론 대신들이 이 시기에 죽임을 당했다. 연잉군의 목숨도 바람 앞의 등불과 같았다. 경종비 어씨(선의왕후)는 세제를 폐위하고 양자를 들여 세자로 책봉할 생각으로 서둘러 양자 후보를 물색했다. 그런데 어씨와 소론이 어찌해 보기도 전에 경종이 재위 4년 만에 승하하고 말았다.

그리하여 조선 21대 왕으로 보위에 오른 연잉군, 그가 바로 영조다. 영조의 정비 정성왕후는 자식을 낳지 못했다. 후궁 중에서 정빈 이씨가 효장세자를 낳았지만, 겨우 열 살에 요절했다. 그 후 오랫동안 후사를 보지 못하다가 영조가 마흔두 살일 때 영빈 이씨의 몸에서 고대하던 아들이 탄생했다. 이른바 삼종의 혈맥을 이은 왕자는 오직 이 아들 하나뿐이었다.

영조 29년(1753)과 30년, 숙의 문씨의 잇따른 임신은 세자에게 눈앞의 위협으로 다가왔다. 문 숙의가 아들을 낳느냐 딸을 낳느냐에 따라 정치 지형도가 하루아침에 달라질 판국이었다. 세자를 싫어한 노론 벽파는 이제나저제나 택군의 카드를 기다리고 있었다. 그러나 숙의 문씨는 두 번 다 옹주를 낳았다. 세간에는 "문 숙의와 문성국 남매가 짜고 딸이 태어날 경우, 다른 사람의 자식이라도 데려와 아들 낳았다고 속이려 한다"라는 괴이한 소문이 낭자하였다.

세자가 장성하여 아들들(정조, 은언군, 은신군)을 얻으면서 삼종의 혈맥은 선택지가 넓어진다. 이제 영조는 하나뿐인 아들 대신 손자를 선택할 수도 있게 되었다. 신하들의 입장도 마찬가지였다. 아들들 때문에 세자의 자리가 오히려 흔들리는 역설이 발생한 것이다. 혜경궁은 그러한 정치적 역학 관계를 너무나 잘 파악하고 있었기에, 영조가 세손을 총애한다는 사실이 행여 세자의 비위를 거스를까 조심하고 또 조심했다.

홍인한의 '삼불필지설'

혜경궁이 『한중록』 제 2, 3, 4편을 쓴 계기는 정순왕후 집권기에 친정 가문이 맞이한 위기였다. 혜경궁은 끝없는 슬픔과 절망 한가운데에서도 한 줄기 희망을 놓지 않았다. 자신의 핏줄을 이어받은 친손자가 그 희망의 근거였다. 친손자가 열다섯 살이 되어 직접 정무를 지휘하게 되면 풍비박산 난 친정집의 명예를 얼마든지 회복시킬 수 있을 터였다.

공식 기록이 삭제되고 소문만 무성한 임오화변, 이 모든 비극과 혼란의 근원.

'내가 아니면 누가 그 일을 증언하랴.'

혜경궁은 이를 악물었다. 그녀가 대비에 버금가는 위치에서 친정집의 명예 회복이라는 분명한 목적을 가지고 임금 손자에게 읽히기 위하여 기억하는 과거……. 우리는 바로 이 지점에서, 혜경궁의 기억 작업 또한 모든 기억 작업이 그러하듯 어느 정도 가공과 편집과 왜곡의 과정을 거쳤으리라는 의심을 품어야 한다. 그것은 합리적 의심이다.

이제 홍인한의 이른바 '삼불필지설(三不必知說)'에 대한 『영조실록』과 『한중록』의 기록을 비교해 보자. 실록의 사관은 혜경궁이 홍인한에게 쪽지를 전해 주었다고 썼는데, 혜경궁 자신은 홍인한에게 아무 기별도 하지 않았다고 썼다.

다음은 『영조실록』 1775년 11월 20일자 기사의 일부다.

아! 성상(영조)께서 수고로운 일에서 물러나시고 조용히 기력을 보호하시는 때를 맞아 신하들과 백성들이 바라는 바가 오직 우리 왕세손뿐인데, 국사나 조정을 우리 세손께서 알지 못하면 누가 알아야 하겠는가? 또 더군다나 실패한 아버지(사도세자)의

대를 이은 떳떳한 아들로서 대리청정을 하는 것은 옛날에도 무수히 있었던 일이 아닌가? 진실로 국사에 몸담은 대신이 있다면, 본디 명령하지 않아도 뜻을 받들어야 할 것이다.

그런데 아! 저 불충한 신하(홍인한)는 보필하는 지위에 있으면서 임금의 간곡하신 하교를 듣고도 오만하게 감동하지 않을 뿐 아니라 이내 감히 드러내 놓고 방해하고 그 말이 비할 데 없이 패악하여 신하의 예를 회복할 수가 없었다. 그는 우리 성상께서 간절히 부탁하신 큰 계획을 달포가 지나도록 지연시키고 훼방하여 시행하지 못하게 하였다. 그가 앞뒤로 선동한 죄는 셀 수 없을 정도인데, 이때 왕을 배알하고 아뢰던 일만 가지고 보더라도 반역하려는 마음이 여실히 드러난 것이요, 역적의 죄안(罪案)*이 갖추어진 것이다.

아침 문답 때에 홍인한이 '세손이 알 필요가 없는 세 가지(삼불필지)'로써 임금께 우러러 대답하였는데, 혜경궁께서 이 말을 듣고 작은 종이에 '이것은 반드시 수고로운 일에서 물러나시고자 하는 성상의 뜻'이라고 자세하고도 간곡한 하교를 홍인한에게 통지하였다. 그러나 그의 말은 저녁 경연 때에도 똑같았다.

아! 만일 홍인한이 과연 성상의 본뜻을 알지 못하고 조금도

•   죄안(罪案): 범죄 사실을 적은 기록.

딴마음이 없었다면 '삼불필지'라는 말은 신하로서 감히 할 수 있는 말이 아니다. 아침 문답 때에 대답한 것은 그래도 임금의 마음을 알지 못하고 당황한 마음을 감추려고 하였다는 핑계를 댈 수도 있다. 그러나 혜경궁의 글을 본 뒤에 입시해서도 똑같은 말을 하였으니, 아침에 비록 임금의 마음을 알지 못했다 하더라도 이미 알고 난 뒤에도 그 말이 똑같았다면 그에게 과연 딴마음이 없었겠는가?

이 일에 대하여 혜경궁은 실록의 사관과 전혀 다른 이야기를 한다.

작은아버지의 망언이란 이런 것이다.
을미년 동짓달 20일 입시에 영묘께서,
"세손이 국사를 아는가, 이조 판서, 병조 판서를 아는가, 노론·소론을 아는가, 이 아니 민망한가?"
이렇게 물으시자, 중부*가 아뢰었다.
"노·소론이야 세손이 아셔서 무엇 하시리까."
이것이 이른바 중부에게 죄가 된 '삼불필지설'이니, 이·병판

• 　중부(仲父): 둘째 작은아버지.

도 세손이 불필지요, 노·소론도 세손이 불필지요, 국사는 더욱 세손이 불필지라 하여 삼불필지라 하였다. 그러나 실은 영묘께서 한 가지씩 물으시고 거기에 대한 대답이 끝난 뒤에 또 한 가지 말씀을 하신 것이 아니라, 성심(임금의 마음)에 세손은 늘 어린아이 같은 줄 아시고 '국사든지 이·병판이든지 노·소론이든지 아무것도 모르니 민망하다' 하신 말씀이었다. 그리고 중부가 아뢴 뜻은 끝의 말씀이 노·소론이기에 '세손이 노·소론이야 알아 무엇하오리까' 한 것이다. 대저 영묘께서 세손을 각별히 사랑하시나 여러 신하들이 다 세손을 칭찬하는 말씀을 들으시면 혹 당신이 노쇠하시니 신하들이 젊은 동궁에게 들러붙으려고 저러는가 의심하실까 염려하여, 세손께서 매양,

"대조(영조)께서 들으시는 자리에서 나를 지나치게 칭찬하지 말라."

하고 당부하신 일이 있었다. 또 영묘께서 당파 싸움을 질색하셔서 노·소론 말씀을 하신 일이 없었으니, 연석*에서 신하들은 아예 노·소론 말이라고는 거들지 못하였다. 그래서 중부 소견에는,

"동궁이 노·소론을 어찌 모르시리까."

* 　연석(筵席): 임금과 신하가 모여 토론하던 자리.

하고 아뢰면, 영묘께서 윗말처럼 시험하다가,

"내가 그렇게 금하는 당파 싸움을 세손이 안다는 말이냐?"

하실까 두려워서 적당히,

"알아 무엇 하오리까."

하신 것이다.

중부의 마음에는 동궁이 매사에 모르실 것이 없이 다 아신다 하고 아뢰면, 성심에 어찌 여기실지 모르고 전에 너무 칭찬하지 말라 하신 동궁의 부탁도 어기는 일이 되는 듯하였다. 더욱이 꺼리시는 당파 싸움 논란을 피해야 하므로 당신 딴에는 묘리 있게 아뢴다고 올린 말씀이었다. 그런데 대조께서 애매한 말법으로 물으신 세 마디에 당신이 한마디, 한마디 전부 불필지라 아뢴 것같이 되어 버렸으니, 이것이 망발이라면 망발이지만, 이것으로 역적이 된다는 것은 천만 원통한 일이다. 당신이 비록 화를 입었으나 지하에 계신들 어찌 눈을 감으며 어찌 마음으로 항복하리오.

그때 내가 궁중의 사세와 세손의 뜻을 중부에게 기별하여 알아 두게 하였으면, 중부가 세손의 뜻이 그러하신 줄 알고 그런 실언도 하지 않았을 것을, 내 변통 없는 마음이 어찌 그것을 몰랐을꼬. 집안에도 어쩐지 겸연쩍은 듯 번거로운 듯하여 미리 기별하지 않았다. 또 세손의 외가로서 대리청정에 앞장선다고 무슨 시비나 정처*의 이간질에 말려들거나 성심이 격노하시거나 할까 봐 더욱 주저하여 집안에 의논도 하지 않았으니, 지금 생각하면 모두 내 탓이요 내 죄인 듯, 어느 것이 후회되고 한스럽지 않으리오.

진실은 무엇일까? 거짓말을 하는 사람은 사관일까, 혜경궁일까? 우리가 알 수 있는 것은 실체적 진실이 아니라 맥락으로 구성된 진실뿐이다. 진실의 얼굴에 조금이라도 다가가려면, 혜경궁이 어떤 입장에서 어떤 시각으로 바라보며 누구의 이익을 대변하는지 염두에 두고 저 구구한 설'들'의 퍼즐을 맥락으로 맞춰 나가는 수밖에 없다. 필자가 볼 때, 혜경궁 홍씨는 윗글을 쓰는 시점에 다른 어떤 정체성보다 '아버지의 특별한 딸'이자 홍씨 가문의 '대표 선수'로 살았고 행했다.

기록하는 사람이 이긴다

영상 매체가 없던 시대, 말이란 잊히기도 쉽고 왜곡되기도

---

* 정처(鄭妻): 화완옹주를 비하하여 부른 명칭으로 '정치달의 처'라는 뜻.

쉬운 것이었다. 혜경궁은 말이 아니라 글로, 문자로 자신의 기억을 고정시켰다. 그것이 역사라는 기억 싸움의 전쟁터에서 그녀가 던진 마지막 승부수였다.

실제로 그녀의 기억력과 투지는 놀라웠다. 『정조실록』에서 정조는 이렇게 말한다.

"우리 자궁께서는 젊어서부터 한 번 보시거나 들으신 것은 종신토록 잊지 않으셨으므로 궁중의 고사부터 국가의 제도, 타성의 씨족에 이르기까지 기억하지 못하는 바가 없으셨다. 내가 혹시 의심스러운 바가 있으면 질문하지 않은 적이 없었고 질문하였을 경우 역력히 지적해 가르치지 않은 적이 없으셨으니, 그 총명과 박식은 내가 감히 따라갈 수 없다."

또 정조의 개인 문집인 『홍재전서(弘齋全書)』에는 『한중록』 제1편을 집필할 당시의 혜경궁에 대한 언급이 나온다.

"자궁은 변함없이 건강하시고 시력과 정신은 내가 따르지 못할 정도다. 평소에 경서나 역사책에 나오는 구절 및 고사에 대해 내가 잘 알지 못하는 것을 자궁께 물어 보는 일이 많이 있다. 요즘처럼 무더운 날에도 한밤중까지 책을 읽으시고 또 등잔불 아래에서 일백여 장이나 되는 책자를 손수 쓰셨다. 정력이 이처럼 점점 왕성해지는 것은 참으로 대단한 일로서 내가 마음속으로 기쁘고 다행스럽게 여기고 있는 바이다."

혜경궁은 결국 이겼다. 순조는 정순왕후가 승하(1805)하자마자 김귀주와 김한록의 흉언을 재론하여 그들의 죄상을 분명히 밝혔다. 1807년(순조 7년)에는 홍낙임의 관작을 회복시켰고, 재위 십오 년(1815) 되는 해에는 정조가 편찬한 홍봉한 문집을 인쇄하여 반포하였다. 순조의 배후에는, 정조가 승하한 다음부터 다시 수라를 들지 못하고 오직 죽으로 연명해 온 늙은 할머니 혜경궁이 있었다.

그녀는 꿈에도 잊지 못하던 아버지의 문집을 품에 안고 그 이듬해, 여든한 살의 나이로 승하하여 현륭원 사도세자 옆자리에 묻혔다. 몸은 비록 세월을 이기지 못했지만, 그녀의 기록은 세월과의 싸움에서 승리했다. 『철종실록』을 보면, 철종이 "혜경궁의 괴로워하신 마음과 지극한 슬픔"에 감격의 눈물이 절로 떨어진다면서 "사사한 죄인 홍인한에 대해 특별히 그의 관작을 회복시켜 주어 혜경궁의 가까운 친척으로 하여금 허물이 없는 사람이 되게 하라"라고 명하는 기사가 있다. 비록 신하들의 반대로 뜻을 이루지는 못하였으나, 사도세자의 증손(은언군인의 손자)인 철종의 마음을 움직인 것은 두말할 것도 없이 증조할머니(혜경궁)가 남긴 피눈물의 기록이었을 테다.

참고 자료

더 읽어 볼 만한 책

『한듕록[閑中漫錄]』, 혜경궁 홍씨 지음, 이병기·김동욱 풀어 씀, 민중서관, 1961.

『비장본(秘藏本) 한듕록』(버클리 대학교 소장본), 혜경궁 홍씨 지음, 김용숙 풀어 씀, 숙대출판부, 1981.

원본의 맛과 멋을 최대한 살리는 쪽으로 풀어 쓴 책들입니다. 원본에 가까운 『한중록』을 즐기고 싶은 독자들께 추천하고 싶으나, 시중의 서점에서는 구할 수 없습니다. 다행히 두 책 모두 국립중앙도서관에서 디지털 자료로 열람할 수 있습니다.

『원본 한중록』, 혜경궁 홍씨 지음, 정병설 풀어 씀, 문학동네, 2010.

『한중록』 연구의 권위자 정병설이 원본에 가깝게 풀어 쓰고 주석을 단 책입니다. 기존의 현대판 『한중록』에서 누락하거나 간과했던 버클리 대학교 소장 『보장』과 「병인추록」까지 포괄하고 있습니다. 현대어 풀이도 잘 되어 있어 어렵지 않게 혜경궁의 목소리를 들을 수 있습니다.

『한중록』, 혜경궁 홍씨 지음, 정병설 풀어 씀, 문학동네, 2010.

『한중록: 내 붓을 들어 한恨의 세월을 적는다』, 혜경궁 홍씨 지음, 이선형 풀어 씀, 서해문집, 2003.

『한중록』, 혜경궁 홍씨 지음, 김선아 옮겨 씀, 현암사, 2009.

현대어로 풀어 쓴 『한중록』들 중에서 추천할 만한 책들입니다. 그림, 사진이 풍부하고 주석이 본문 옆에 붙어 있어 내용을 이해하기 쉽습니다.

『붉은 왕세자빈: 영혼의 '한중록'』, 마거릿 드래블 지음, 전경자 옮김, 문학사상사, 2005.

영국 작가 마거릿 드래블의 『The Red Queen』을 한국어로 옮긴 책입니다. 영역본 『한중록』을 읽고 깊이 감동한 드래블이『한중록』을 모티브로 쓴 소설인데, 1부에 혜경궁 홍씨의 유령이 등장하여 1인칭 고백체로 자기 삶을 회상합니다. 우리 고전이 외국 작가를 거쳐 다시 태어날 때 나타날 수 있는 밝은 면과 어두운 면을 함께 생각해 볼 수 있는 책입니다.

『사도세자의 고백: 그 여드레 동안 무슨 일이 있었을까』, 이덕일 지음, 휴머니스트, 2007.
『한중록』을 승자의 기록이자 가해자의 기록으로, 혜경궁 홍씨를 당파를 위해 남편도 버린 냉혹한 정치인으로 재해석한 책입니다. '사도세자의 고백'이라는 제목은, 혜경궁 홍씨가『한중록』에서 왜곡한 사도세자의 진실을 사도세자 자신의 목소리로 밝힌다는 명분에서 나왔을 것입니다. 그러나 죽은 사도세자가 무엇을 어떻게 고백할 수 있을까요?『한중록』이 혜경궁 홍씨의 관점과 목소리를 담은 글인 것처럼,『사도세자의 고백』 또한 사도세자가 아니라 어디까지나 지은이 자신의 관점과 목소리를 담은 글이라는 사실을 잊지 말아야 하겠습니다.

참고한 사이트

http://db.itkc.or.kr/
(한국고전종합DB)

현대어로 번역된『조선왕조실록』,『현륭원 행장』,『홍재전서』등이 데이터베이스로 구축되어 있어 필요한 정보를 쉽게 찾을 수 있습니다.

기타 참고한 책

『영조와 정조의 나라』, 박광용, 푸른역사, 1998.
『조선 왕실의 여성』, 한국학중앙연구원 장서각 엮음, 한국학중앙연구원 장서각, 2005.
『조선 왕실의 출산 문화』, 한국학중앙연구원 장서각 엮음, 이회문화사, 2005.
『조선 왕실의 행사 그림과 옛 지도』, 박정혜·이예성·양보경 지음, 민속원, 2005.

『조선여속고(朝鮮女俗考)』, 이능화 지음, 김상억 옮김, 동문선, 1990.

『조선왕비실록』, 신명호 지음, 역사의아침, 2007.

『조선의 왕세자 교육』, 김문식·김정호 지음, 김영사, 2003.

『조선의 왕실과 외척』, 박영규 지음, 김영사, 2003.

『조선조 궁중 풍속 연구』, 김용숙 지음, 일지사, 1987.

박정애

1970년 경상북도 청도군에서 태어났다. 강원대학교 영상문화학과에서 '서사 창작'을 가르치고
있다. 지은 책으로 소설 『한 포물선이 다른 포물선에게』, 『에덴의 서쪽』, 『물의 말』, 『강빈』, 『덴동
어미전』, 청소년 소설 『환절기』, 『괴물 선이』, 『용의 고기를 먹은 소녀』, 『첫날밤 이야기』, 『벽란도
의 새끼 호랑이』, 동화 『사랑은 어려워』, 『똥 땅 나라에서 온 친구』, 『친구가 필요해』, 『사람 빌려
주는 도서관』 등이 있다.

손은경

순수 미술을 전공했고 현재 프리랜스 일러스트레이터로 활동하고 있다. 그리는 즐거움을 잃지
않으려고 애정이 있는 것들을 많이 그리고 있다.

역사에서 걸어 나온 사람들 3

아버지의 특별한 딸
—『한중록』으로 본 혜경궁 홍씨

초판 1쇄 발행 2020년 4월 21일
초판 3쇄 발행 2021년 12월 10일

지은이 | 박정애
삽화 | 손은경
교정 | 문해순
디자인 | 여상우

펴낸이 | 박숙희
펴낸곳 | 메멘토
신고 | 2012년 2월 8일 제25100-2012-32호
주소 | 서울시 은평구 연서로26길 9-3 동양오피스텔 301호(대조동)
전화 | 070-8256-1543 팩스 | 0505-330-1543
이메일 | mementopub@gmail.com

ⓒ 박정애 · 손은경

ISBN 978-89-98614-74-4 (세트)
ISBN 978-89-98614-79-9 (04910)

이 도서의 국립중앙도서관 출판예정도서목록(CIP)은 서지정보유통지원시스템
홈페이지(http://seoji.nl.go.kr)와 국가자료종합목록 구축시스템(http://kolis-net.nl.go.kr)에서
이용하실 수 있습니다. (CIP제어번호: CIP2020014855)

파본은 구입하신 서점에서 바꾸어 드립니다. 책값은 뒤표지에 있습니다.